SONETOS COMPLETOS

LETRAS UNIVERSALES

MIGUEL ANGEL BUONARROTI

Sonetos completos

Edición de Luis Antonio de Villena

Traducción de Luis Antonio de Villena

CATEDRA

LETRAS UNIVERSALES

Letras Universales
Asesores: Carmen Codoñer, Javier Coy
Antonio López Eire, Emilio Náñez
Francisco Rico, María Teresa Zurdo

Diseño de cubierta: Diego Lara
Ilustración de cubierta: Dionisio Simón

© Ediciones Cátedra, S. A., 1987
Don Ramón de la Cruz, 67. 28001-Madrid
Depósito legal: M. 862-1987
ISBN: 84-376-0639-X
Printed in Spain
Impreso en Lavel
Los Llanos, nave 6. Humanes (Madrid)

INTRODUCCIÓN

Miguel Ángel Buonarroti y la poesía

Buena parte de la crítica italiana, y hasta muy recientemente (Benedetto Croce o Natalino Sapegno) han visto la obra lírica de Miguel Ángel, como un episodio muy menor de su trayectoria artística, algo así como una afición marginal —aunque sin duda apasionada— en un hombre al que fallaba el oficio; de ahí su dureza, sus contorsiones, sus innegables defectos de forma literaria, sobre todo en una época dominada por impecables sonetistas, y por la corriente (en ocasiones un tanto huera) del petrarquismo...

Quizá convenga, pues, empezar por aquí. ¿Fue Miguel Ángel poeta? Y si lo fue, ¿en qué medida conocía los resortes, la maquinaria de ese *oficio?*

Miguel Ángel Buonarroti (1475-1564) fue siempre aficionado y cultor de la poesía. Nunca la entendió como oficio. Él se quiso, sobre todo, escultor, y fue a la pintura —pese a sus grandes logros— aparentemente sin ganas y a contrapelo. También fue arquitecto, y hasta diseñador de fortificaciones. De todo ello vivió, y no mal. Además fue poeta, pero nunca pensó en la poesía como modo de estar, ni menos, de ganar. La poesía fue para él una pasión aficionada. Una *necesidad* —como la escultura—, aunque no lograse en ambas sublimidad igual.

Lector asiduo de Petrarca, y sobre todo de Dante desde sus primeros años, Ascanio Condivi (su discípulo y biógrafo más directo) nos cuenta que cuando el joven Miguel Ángel huyó a Venecia y luego a Bolonia, en 1494, fue en esta última ciudad protegido del gentilhombre Gianfrancesco Aldovrandi, para el que leía en voz alta (por su buen acento toscano) la *Divina Co-*

media. Añadiendo después Condivi la fecha aproximada en que Miguel Ángel comenzó a escribir poesía:

> Quedó por algún tiempo sin hacer nada en ese arte [la escultura], pues se había consagrado al estudio de poetas y oradores y compuso sonetos hasta el día en que, tras la muerte del papa Alejandro VI, su sucesor Julio II le llamó a Roma [marzo de 1505]. Tenía veintinueve años.

A principios del siglo xvi el poeta debía ser *culto* y aspirar a convertirse en humanista, como Petrarca, o coetáneamente como Poliziano, Tasso o Bembo. Incluso el artista plástico (a caballo entre ser creador o artesano) deseaba el humanismo: pensemos en Leonardo. Miguel Ángel tiene también pretensiones de humanismo y cultismo, pero no entra en ese rótulo clasificatorio. No era un experto en *letras humanas,* aunque sí un notable aficionado. Igual que intenta ser *humanista* por la amplitud de sus dedicaciones —sabemos que pensó redactar un tratado de anatomía— intenta en varios momentos de su vida ampliar sus conocimientos retóricos (como certifica uno de los diálogos de Francisco de Holanda) para perfeccionarse como poeta. Sin embargo, ni es humanista, *sensu stricto,* ni *poeta* en el sentido *culto* que la época celebrara. Es un artista, un creador nato, que expresará su energía en formas varias. La poesía es una de ellas. Bien que, más atento a los contenidos que a la estricta elaboración formal (pese a que sabemos que Miguel Ángel reelaboró muchos de sus textos), el resultado será un poema apretado de ideas, conceptual —en el sentido barroco del término— y un tanto en lucha con un molde que Miguel Ángel no sometía convenientemente, por exceso, quizá, y según las normas de la época. Poeta *distinto* y de decir agónico, se trata, con todo y evidentemente, de un singular y alto poeta. Los románticos lo reconocieron enseguida, y la crítica académica italiana ha ido variando en su opinión sobre el tema muy significativamente: cada vez le dedican espacio mayor en antologías y comenterios.

Otro poeta, coetáneo y amigo del Buonarroti (y al que la crítica tampoco ha tratado nunca con excesivo fervor), vio, sin embargo, bien la singularidad lírica miguelangelesca. Franceso

Cristo resucitado (estudio).

Berni (1497-1535) fue un poeta de vida cortesana y estro satírico y paródico, que despertó seguidores, y que murió envenenado. Durante sus años romanos, Berni trató a Miguel Ángel. Uno de sus últimos textos es una suerte de espístola en tercetos *(Capitolo a Fra Bastian Dal Piombo)*, dirigida al pintor —y también íntimo del Buonarroti— Sebastiano del Piombo. Hablando de Miguel Ángel, dice en ella (vs. 25-31):

> Ho visto qualche sua composizione:
> son ignorante, e pur direi d'avelle
> lette tutte nel mezzo di Platone.
> Si ch'egli è nuovo Apollo e nuovo Apelle:
> tacete unquanco, pallide viole,
> e liquidi cristalli e fiere snelle;
> e'dice cose, e voi dite parole:

Berni atinó en dos cosas básicas. Una, en relacionar la poesía del escultor con Platón. Dice que le parece haber leído esos poemas *en medio de Platón,* como si dijese, entre sus obras. Y la principal —tras el juego de llamarle *nuevo Apolo y nuevo Apeles*— contraponerlo, mandándoles callar, a los elementos o términos convencionales del lenguaje petrarquista, en manos de Bembo y sus seguidores: los líquidos cristales, ágiles fieras y pálidas violas, concluyendo con un verso lapidario: *El dice cosas, y vosotros* —entiéndase, los petrarquistas— *decís palabras.* Un verdadero acierto, aún hoy, de crítica literaria, casi al desgaire.

* * *

La obra toda de Miguel Ángel —portentosa, ciertamente— está basada en la plural tensión de varias contradicciones. Su poesía, sin ser nunca correlato de sus obras en mármol o de su pintura, está, sin embargo, sometida a idéntica fuerza creativa y de contrarios. De un lado, la atracción poderosísima por el cuerpo y la belleza física; de otro, un apetito espiritual, cercano a veces al misticismo, y que le lleva a rechazar tal cuerpo, no sólo por ser instrumento de pecado, sino más profundamente, porque *la realidad* defrauda los hondos anhelos del espíritu. En Miguel Ángel se tejieron y destejieron siempre —con gran complicación, es decir, no unívocamente— los dos polos de su educación florentina, arraigados de firme en su propio carácter: El mundo paganizante y platonizante de la corte intelectual de Lorenzo el Magnífico, y las prédicas de Savonarola que oía casi coetáneamente. Porque Miguel Ángel fue, a la par, un pagano espiritualista, y un cristiano crítico, muy próximo a ciertos postulados de la Reforma.

En el ambiente del Palazzo de Via Larga, el joven Miguel Ángel (llegó en 1489) se perfeccionó en escultura con Bertoldo di Giovanni, y frecuentó a Poliziano, Marsilio Ficino y Pico della Mirandola. Reconoce entonces —platónicamente— la realidad espiritual y simbólica del cuerpo. El esplendor de la belleza carnal es el reflejo de una belleza superior a la que simboliza, o en la que nos inicia, al tiempo que es fuente de nobles sentimientos de camaradería. Marsilio Ficino había escrito en su *Convivio:*

> ¿Queréis saber la utilidad del amor socrático? Primero ayuda poderosamente al hombre a recobrar las alas que permiten retornar a la patria y a continuación a toda la ciudad para vivir honesta y felizmente.

Y Pico della Mirandola, comentando a Ficino:

> Elevándose de perfección en perfección, alcanza el hombre un grado en el que su alma está enteramente unida al intelecto y en el que el hombre se ha tornado prudente, inflamado por completo en un amor angélico, como materia santa sacudida por el fuego y transformada en llama espiritual por la potencia del alma, volando hasta el cielo inteligible, se reposa en los brazos del Padre primordial y allí halla la felicidad.

Como comenta André Chastel (uno de los grandes conocedores de la Florencia medicea) en su magnífico volumen *Arte y humanismo en Florencia,* tanto Poliziano —el más sensual y lujurioso de los tres— como Pico y Ficino, se entregaron a este tipo de eros filosófico o *angélico* o *socrático,* centrado en la imagen de hermosos adolescentes, como los que aparecen coetáneamente en la pintura de Sandro Botticelli. Así Ficino (el *Plato redivivus)* hizo contertulio de su *banquete* — correspondiéndose con el Fedro platónico— al joven Giovanni Caval-canti, como Pico della Mirándola celebró, incluso en un epita-fio latino donde se habla de *almas unidas por el amor,* a su Gira-lamo Benivieni, erómenos ambos. El neoplatonismo florenti-no es, ante todo, un clima de erotismo espiritual, al que el pa-ganismo ambiental —no platónico— dota de una dimensión externa más *corporal* y más griega. Todo este ámbito halló, como he dicho, en Miguel Ángel adecuada tierra de cultivo. Y nos lleva a dos cuestiones relacionadas con la obra del escul-tor, y con buena parte de su poesía. Primero, la *fisicidad* en Mi-guel Ángel; y su homosexualidad, en segundo término.

Basta contemplar el espectacular techo de la Capilla Sixtina, la mole armoniosísima del *David,* la *Sagrada Familia* —con efebos detrás— del llamado *Tondo Doni,* el *Juicio Final,* o la muy temprana *Batalla de Centauros y Lapitas* (y cito al azar entre lo mucho posible) para comprender casi de súbito el inmenso apetito carnal de Miguel Ángel, su deseo de *materia.* Pudiéra-mos aún decir: su fascinación por la materia. Por tanto, si se piensa en el amor, no cabe duda de que el escultor gustó tam-bién en él de lo físico. Quizá su pasión por un muchacho como Febo di Poggio, hermoso, pero holgazán y pendenciero —con-cluyó asesinado— tuvo este origen: la atracción corporal. Lo que ocurre es que, descontento o culpabilizado de tal apetito material, Miguel Ángel tendió siempre a sublimarlo o a recha-zarlo. El desdén tiene, obviamente, raíces religiosas, en tanto que la sublimación es neoplatónica. En cualquier caso, el *cuerpo* existe nítidamente en su obra toda.

La misma rotundidad constatable del deseo físico admite en Buonarroti su primacía masculina. A Miguel Ángel —verlo es suficiente— le interesó el cuerpo del hombre, y más especial-mente el de la juventud. El homoerotismo *socratizado* (acaba-mos de verlo) no era raro en Florencia. Sin embargo, es obvio que la misma conflictividad enriquecedora con que el escultor vivió su anhelo de carne, existe en el enfrentamiento con su clara homosexualidad. Muchos de sus biógrafos hacen piruetas para negar lo evidente. Pero si meridiano parece (desde la obra plástica a los sonetos) que Miguel Ángel fue homosexual, es cierto —y no podía ser de otro modo— que tampoco en ese terreno había de ser un hombre cualquiera. Creo, sin embargo, que parte del famoso *tormento* miguelangelesco viene, no de la dificultad íntima por asumir *lo homosexual,* cuanto de la misma dificultad en integrar en sí *lo corporal* —el apetito físico— dentro de lo cual lo específicamente *homoerótico* intensificaría la tribulación. Pero veámoslo así: la Florencia de la juventud de Miguel Ángel y aún después (recordemos al académico y amigo del escultor Benedetto Varchi) no veía con el escándalo contemporáneo —pese a las leyes censoras que fueron en aumento— el fenómeno de la relación masculina entre adultos y jóvenes, máxime si el tema se adornaba y prestigiaba con el manto platónico. De otro lado, el hecho de que fuera habitual el que los artistas más celebrados tuviesen en su casa, como aprendices, pero en realidad para todo, a muchachos, en ocasiones jovencísimos —los *garzoni*— dulcificaba la naturalidad cotidiana de nexos tales. Y dos citas, concluyendo. Marsilio Ficino había escrito: «El amor apasionado de la belleza física y moral de las personas es propio de la familia platónica.» Mientras que Girolano Savonarola predicó contra los sodomitas que llenaban Florencia, y llamó a la ciudad *moderna Sodoma.*

Y es que —según dije atrás— Savonarola fue el segundo pilar formativo del joven Miguel Ángel. Por la misma época en que nuestro hombre se saturaba de paganismo y neoplatonismo en el ámbito de los Médicis, el fraile comienza sus sermones —vibrantes e incendiarios— contra ese mismo ambiente de sensualidad, gozo del mundo y refinamiento. Para Savonarola vivir el cristianismo suponía un estado de pureza espiritual absoluta, un completo desdén del mundo y de sus vanidades. Acercarse al espíritu, ser limpio de espíritu, será una de las grandes aspiraciones del carnal Miguel Ángel, que había oído —lleno de miedo y de fervor— las arengas del monje iluminado. Aunque tuvo relaciones con ellos y trabajó para tantos Médicis —lo sabemos—, Miguel Ángel fue siempre un declarado antimediceo en política, un fiel republicano; de modo igual, aunque vivió siempre la fascinación del cuerpo y su sensualidad, aunque *pagano* en buena medida, Miguel Ángel fue también —y en el fondo— un ferviente savonaroliano. Recordó siempre con reverente respeto al dominico, y siendo viejo, el escultor comentaba que aún podía oír, dentro de sí, la voz inflamada y mágica del predicador.

El momento de máxima implantación de Girolamo Savonarola (1452-1498) en el mundo florentino comenzó en 1495, cuando ya el papa Borgia le prohíbe predicar, y alcanza su apogeo durante el Carnaval de 1497, con la famosa *quema de las vanidades,* en que el fraile pedía que se arrojasen al fuego purificador todos los libros y obras de arte profanos. Poco después Alejandro VI lo excomulgó, y a comienzos de 1498 se le abrió un proceso, que lo condenó a muerte, siendo ejecutado en la hoguera el 23 de mayo de ese mismo año.

Muchos vieron (y ven) a Savonarola como un perturbador residuo medieval que irrumpe hostilmente en la gran fiesta pagana del Renacimiento florentino. Mucho había de medieval en el dominico, ciertamente. Pero no solo. Savonarola es también el primer intento —drástico— de *reformar* la vida espiritual de la Iglesia Católica, y en tal sentido (es decir, como reformista) Savonarola es más un adelantado que un rezagado. Quiso una Iglesia *pura,* antipagana, profundamente evangélica, absolutamente entregada (frente al cuerpo) a una búsqueda anímica, soteriológica, desligada del mundo, hasta la frontera misma del misticismo. Savonarola, en fin, iba contra el arte que Miguel Ángel ejercía y amaba. Y sin embargo —en algún punto— el escultor hubiera estado dispuesto a destruir su obra, en uno de aquellos *bruciamenti delle vanità.* ¿Contradicciones? Ya he dicho que Miguel Ángel —como el ferrarés fraile dominico, en eso— fue también un apasionado buscador del alma, en la medida en que *la realidad* —tan amada— le era una decepción continua. Cuando mucho después de la muerte de Savonarola, Miguel Ángel, viejo, se encuentra con Vittoria Colonna, y el círculo de reformistas valdesianos que la rodeaba estaba ya preparado. Su *reforma* espiritualista era la misma a la que él había aspirado desde su juventud florentina, pero ahora la hallaba, en Roma, sin la inflamación medievalizante del predicador, y envuelta en un clima de elitismo y refinamiento intelectual, que le agradaron. En tal camino no es paradójico afirmar que Vittoria Colonna fue —para Miguel Ángel— una continuadora de Savonarola, en cuyo clima podía además brotar una suerte de amistad neoplatónica *femenina,* lo que hacía evidente el desligamiento de lo corporal. Miguel Ángel tenía entonces sesenta y un años.

* * *

La poesía de Miguel Ángel (y en los sonetos más sustancialmente) refleja todo el itinerario artístico-espiritual esbozado
hasta aquí. Dejando a un lado lo que podríamos denominar
piezas de circunstancia —algunas tan curiosas como los sonetos
donde se retrata pintando el techo de la Sixtina, roto por lo ar-
duo de la labor, o en el que ya viejo agradece unos regalos—,
la obra lírica de Buonarroti se centra en la sublimación amoro-
so-platónica, con la figura básica de Tommaso Cavalieri; en la
sublimación espiritualista dedicada a Vittoria Colonna; y final-
mente, en la obra claramente religiosa y reformista, en que el
viejo artista se desprende del mundo —aceptando del todo el
camino espiritual ya iniciado— e incluso del propio arte.

Varios nombres de muchachos y hombres jóvenes aparecen
ligados a la vida de Miguel Ángel: Giovanni da Pistoia, Ghe-
rardo Perini, Febo di Poggio o Cecchino Bracci. Pero es sin
duda el romano Tommaso Cavalieri el principal. Miguel Ángel
conoció a Tommaso a finales de 1532. El muchacho tenía diecisiete años, y el escultor cincuenta y siete. Debía de ser un joven de gran belleza física —*de incomparable belleza* dice Varchi—
al que Miguel Ángel dedicó el único retrato de su vida, hecho del natural, y desgraciadamente perdido. Cavalieri —de
buena familia— era aficionado al arte, pintaba y esculpía, y so-
ñaba con ser arquitecto. Nunca pasó, en su madurez, de la más
absoluta mediocridad; y se dice que fue un temperamento naturalmente hacendoso y modesto. Quizá por ello —y pese a su
celebrada beldad moceril— quedó inicialmente *extrañado* ante
los cumplidos éxtasis que provocaba en un hombre mayor, a
quien él artísticamente admiraba, y ya muy célebre. Parece que
la *amistad* tardó en irse produciendo, pero llegó a ser plena. Al
punto que Cavalieri —casado y con hijos— fue fiel a su maestro mientras vivió, y le acompañaba en la hora del tránsito
mortal, cuando (de otra parte) la historia amorosa había queda-
do lejos.

Relación erótica —de la que es imposible excluir el compo-
nente físico—, pero que fue, sustancialmente, un ejemplo de
eros neoplatónico. Miguel Ángel estaba enamorado hasta la adora-
ción de la forma carnal de este muchacho romano, pero esa

belleza le lleva al sentimiento de *otra* (espiritual) que trasciende y engrandece el deseo físico. Además, Cavalieri no es un *garzone* de taller, ni un buscavidas. La belleza carnal se alía —por fin— con la belleza anímica. Todo lo guía *la forza d'un bel viso*, pero Sócrates había dicho, en la escritura de Platón: «Quien ama el cuerpo de Alcibíades no ama a Alcibíades, sino una cosa que pertenece a Alcibíades, pero quien ama su alma le ama verdaderamente a él.» El amor de Miguel Ángel hacia Tommaso actúa como una escala ascendente. Parte de la atracción corporal —siempre atestiguada— y llega a un voraz apetito de muerte, donde podrán al fin unirse las almas, lejos de un mundo —de una *realidad*— continuamente despreciada por imperfecta, por *caída*. Sabiamente anota André Chastel:

> [La belleza] se convierte para Miguel Ángel en principio de tormento y de sufrimiento moral. Nadie ha llevado más lejos la intuición —tan claramente afirmada por los platónicos de Florencia— de que la llamada de la belleza es, por el movimiento del amor que repercute en el ser entero, el resorte creador por excelencia, el único digno de un alma noble. Pero nadie ha experimentado más dolorosamente la dificultad de desgajar la belleza de las formas sensibles y de sublimar por entero el amor. (Cfr. André Chastel, *Marsile Ficin et l'Art.)*

Tal es el *drama* que desarrollan los sonetos a Cavalieri: depurar el amor, *morir* al cuerpo apeteciendo el cuerpo, espiritualizar el erotismo, transcender el peso y esplendor de la materia. Tal amor será calificado frecuentemente de *casto* por su aspiración anímica última, no, desde luego, porque no exista —y tan evidente— el fuego corporal. La necesidad (y más, el sincero anhelo) de trascender lo físico, se enzarza en áspero combate con ese mismo cuerpo, cuya propia belleza (como la de las esculturas miguelangelescas) le hace parecer tan espiritual, tan ingrávido: belleza física como metáfora del alma. Perfecto ejemplo, pues —incluso en su tribulación, en su drama—, del *eros angélico* de Ficino. Sin embargo —y porque siempre la realidad defrauda—, la pasión amorosa por Cavalieri no avocó a la muerte, ni a una creativa destrucción final, sino a una serena amistad, presumiblemente *deserotizada*. Por ello, abandonando en lo posible la carne, Miguel Ángel se decide abiertamente por la vía espiritual.

Aún enfrascado en su relación con Tommaso Cavalieri, conoció Miguel Ángel a Vittoria Colonna, marquesa de Pescara: la gran *amistad* de su vida. Vittoria Colonna (1490-1547), por su propia familia, y por matrimonio, fue una de las más notables damas cultas del orbe renacentista. Desde muy niña estuvo destinada al matrimonio con Ferdinando Francesco d'Avalos, marqués de Pescara. Pese a la conveniencia de las nupcias —que se celebraron en la isla de Ischia, en 1509—, Vittoria se convirtió en una auténtica enamorada y devota de su marido, que llevaba una intensa vida política y militar al servicio de los españoles y del césar Carlos. En 1521, d'Avalos se convirtió en general en jefe de las tropas imperiales en Italia, combatiendo en múltiples batallas. Pero en 1525 Ferdinando Francesco murió en Milán, de resultas de las heridas recibidas en la batalla de Pavía, uno de los grandes triunfos españoles en la península itálica. A partir de ese instante Vittoria Colonna —convertida en dignísima viuda— se retiró de la vida cortesana, dedicada a escribir poesía y vivir sus inquietudes espirituales. Pasaba largas temporadas en conventos, y se hizo (por su categoría social) el centro de varias tertulias, a las que acudían intelectuales y poetas, con idénticas zozobras religiosas. Quizá por las vinculaciones hispánicas de su marido, Vittoria entró en contacto, en Nápoles, con el círculo heterodoxo de Juan de Valdés, erasmista que había evolucionado hacia una mística reformista, a través de la doctrina —herética— de la justificación por la fe. En ese ámbito napolitano (que contaba con nobilísimas damas como la propia Vittoria, o la hermosa Giulia Gonzaga) Valdés fue el eje teórico, mientras que el proselitismo y la divulgación corrían a cargo del fraile Bernardino Ochino, célebre predicador, que concluyó huyendo a Londres —tras la muerte de Valdés y la dispersión del círculo— perseguido por la Inquisición.

Miguel Ángel conoció a Vittoria Colonna en Roma, en el convento de San Silvestro, en 1536. Poco después (y siempre que la marquesa estuviera en la ciudad) Miguel Ángel se tornó asiduo de aquellas reuniones *espirituales* por ella presididas, y en las que —junto a su propia inquietud religiosa— circulaban las ideas valdesianas, centro axial del reformismo italiano. Como he apuntado ya, todo ello coincidía con las propias y antiguas desazones miguelangelescas en el terreno de la religión, su afán de vivir un cristianismo puro, desligado de toda servidumbre material o mundana. Miguel Ángel llegó a hacer varios trabajos artísticos para Vittoria Colonna, de tema religioso todos ellos, igual que para Cavalieri, en su inicio, había dibujado temas paganos. Muy pronto el escultor cifró en la imagen y la amistad de Vittoria todo el contenido espiritual de sus doctrinas. Y frecuentemente escribió para ella, adorándola hasta su muerte, que de algún modo lanzó a Miguel Ángel al último, y ya solitario, estadio espiritual de su vida.

Vittoria Colonna no era una mujer hermosa, tenía más de cuarenta y seis años cuando Miguel Ángel la conoció, y él —como apunté— más de sesenta y uno. En un buen retrato de la marquesa, que se atribuye a Sebastiano del Piombo (actualmente en Roma, en el Palazzo Venezia), vemos a una mujer sobria, de mirada intensa, de rasgos sin duda idealizados, y sin embargo poco bellos. Muchos historiadores y críticos —contra toda evidencia— quisieron convertir la intensa relación de Miguel Ángel y Vittoria en una *historia de amor*. Nada más lejos de la realidad, ni del interés que a ambos guiaba. Amor, sí, pero apasionado amor de almas. Vittoria Colonna es la única mujer *real* que aparece en la vida del escultor. Y se trata de una amistad platónica, guiada por una inquietud religiosa reformista, creciente en los dos, y con evidente dejación de lo corporal. Primero (tal vez) por las edades y caracteres físicos de la pareja, pero más explícitamente, porque el camino platónico en que se asientan desdeña lo femenino. Y para Miguel Ángel prescindir del *cuerpo* —lo que claramente le resultaba más fácil tratándose de una mujer— suponía un claro avance en su propia escala platonizante. Amistad de almas, pues, que fue —como he dicho— muy intensa. Y una común preocupación religiosa, en la que el escultor era el *discípulo* de la marquesa: la teoría de la justificación por la fe, y el omnímodo y angustioso valor de la terrible pasión de Cristo. Quizá —aparte de los mismos poemas miguelangelescos— el más directo testimonio del círculo romano de Vittoria y el Buonarroti en el convento de San Silvestro a Monte Cavallo, esté en los *Diálogos*

La batalla de los Centauros.

del pintor y miniaturista portugués Francisco de Holanda, que asistió a varias de aquellas reuniones, en que se leían y comentaban —a nueva luz— las epístolas de San Pablo, pensando siempre en una nueva catolicidad renovada, poco atenta a lo material, y más volcada a los pobres y al espíritu.

Algunos datos más sobre esta relación: el biógrafo Condivi dice que Miguel Ángel estaba *enamorado del divino espíritu* de Vittoria. Y el propio poeta expresa en un madrigal que ella es *un uomo in una donna,* un hombre en forma de mujer. Vittoria Colonna, en fin, influyó grandemente en la espiritualidad miguelangelesca, incrementando su idea, de que nuestro propio esfuerzo nada es para salir de la terrible caída del pecado; sólo la fe absoluta en el amor de Dios, sólo el valor infinito de la preciosísima sangre de Cristo —de su sacrificio—, sólo eso nos salva, y por ello hemos de entregarnos ardiente y absolutamente a tal divino amor. Pero como Miguel Ángel había hallado también en la marquesa una *amistad,* un afecto, aunque prescindiera del cuerpo, la muerte de la poetisa —cuando tenía cincuenta y siete años— le dejó, según nos narra el mismo Condivi, *bastante tiempo como alelado.*

A partir de ahí —ya íntimamente solo— Miguel Ángel entra en la etapa más espiritualista de su vida. Su preocupación por la muerte y el juicio de Dios se hace obsesiva, y como le ocurrió al viejo Tolstói y a otros grandes artistas, llegó a renegar del arte, como de algo que le apartaba de la esencial verdad del espíritu. Recordemos el final de soneto 288:

> Mettimi in odio quante'l mondo vale
> e quante suo bellezze onoro e colo,
> c'anzi morte caparri eterna vita.

Obseso por el temor y la benigna liberación que habrá de ser la muerte, el viejo creador —que pese a todo sigue creando— se va tornando puro espíritu. Sólo le interesa la Pasión de Cristo —su dolor, su sangre—, porque en ella está nuestra salvación. No es difícil distinguir en este final los credos de Savonarola y las ideas valdesianas de Vittoria. Quizá el mejor símbolo plástico de esta ascética, pero casi mística, poesía final del maestro, sea la llamada *Pietà Rondanini,* la última obra en la que trabajó, se dice, seis días antes de su muerte. Pura espiritualidad y despojamiento, casi no hay *arte,* y desde luego ningún *preciosismo.* Se trata, una vez más, de esa angustiada búsqueda del espíritu puro, que sería la plena felicidad, lejos de una naturaleza *caída.* Un Cristo largo, demacrado, informe y escueto es sostenido en los brazos de una Virgen que en lo esencial de sus trazos es sólo imagen de dolor. El *non finito* supera la técnica, para hacerse un arte contra el arte; aquí sólo importa el significado, la fe, la fuerza que circula tras la desnudez de las formas. Miguel Ángel ha alcanzado al fin (al igual que en sus últimos sonetos) ese desnudamiento, esa *pobreza* franciscana, que tanto —y tan contradictoriamente— buscó y practicó en su vida. La *Pietà Rondanini* es el punto opuesto al *David* de la Academia florentina. Los sueños de belleza y platonismo han muerto, y al hombre sólo le queda la desnuda y anhelada realidad del *morir,* esperanza, acaso ilusa, de un mundo menos injusto.

Si la relación espiritualista con Vittoria Colonna había puesto fin al ideal realizable del *amor socrático,* como dice André Chastel concluyendo, «el tormento místico pone fin al sueño florentino».

Hemos asistido, pues, en la poesía y en el arte miguelangelescos a un doloroso y ardiente itinerario. El afán sacralizador y espiritualizador de una materia que exalta y se desearía eterna, y la necesidad contraria de prescindir de todo ello (no sin lucha) para intentar alcanzar un puro espíritu vencedor de aquella anhelada materia. El corolario es fuego. Un intenso llamear pleno de fuerza, sangre y dolor, que puede prescindir del resultado, porque es ya válido en sí mismo. Y una cosa más: acaso la complicación miguelangelesca, sus contrapuestas pasiones, sus ardencias en gresca continua —resueltas siempre en plenitud— sean el mejor marchamo, la señal más explícita de lo que hemos dado en llamar *el genio,* no otra cosa que una tenaz agonía. Contienda en la forma —y con ella—, pero que ciertamente (y en la poesía también) va siempre más lejos. El fervor y la *terribilità* miguelangelescos provienen así de la lucha de un contrapuesto aunado, de la imposibilidad de elegir, y asimismo del ansia desesperada de armonía. Querer el cuerpo y rechazar el cuerpo, amar la vida y denostar la vida es la plasmación de un drama (presidido siempre por un elevado concepto de la perfección y de la bondad) que ni el platonismo ni la espiritualidad no logran resolver del todo, ya que toda *agonía* no tiene otro reposo que el morir. La *plenitud* de la muerte misma.

EL TEXTO MIGUELANGELESCO
Y NUESTRA TRADUCCIÓN

Miguel Ángel publicó escasísimos poemas en vida, y siempre de modo ocasional. Sin embargo, hacia 1546, su amigo Luigi del Riccio concibió el proyecto de publicar una selección de su producción lírica, con el consentimiento y hasta los preparativos del autor, que al fin no prosperó.

Fue su resobrino, Michelangelo Il Giovane, el primer editor de las *Rime* buonarrotianas, en Florencia, 1623. Pero se trata de una edición limada y *corregida,* para evitar las ambigüedades y los masculinos de la poesía miguelangelesca. Por ejemplo, uno de los sonetos dirigidos a Cavalieri (el XXXVIII de nuestra edición) concluye diciendo: *Resto prigion d'un Cavalier armato.* En la edición del resobrino se lee: *Resto prigion d'un cor di virtù armato.* No hablaba, pues, Miguel Ángel.

La primera edición *veraz,* de las *Rime* —basada en los manuscritos originales— la hizo Cesare Guasti, en Florencia, en 1863.

La siguiente —más depurada— es obra del alemán Karl Frey, Berlín, 1897.

Y en fin, la más moderna y cumplida, la de Enzo Noè Girardi, Bari, 1960.

Basándose en la edición de Girardi, pero teniendo en cuenta las anteriores, aparece la de Ettore Barelli, con prólogo de Giovanni Testori, Biblioteca Universale Rizzoli, Milán, 1975. En el texto de esta última está basada nuestra traducción.

Es seguro que Miguel Ángel Buonarroti escribió más versos que los que como suyos conservamos. El total de su *Cancione-roos que como suyos conservamos. El total de su Cancionero* está compuesto de 302 piezas, incluyendo fragmentos o composiciones sin terminar. Sonetos y madrigales forman la mayor parte, aunque hay también tercetos y octavas.

El más antiguo de los poemas —un fragmento de soneto— es de hacia 1503, y el más nuevo —también un soneto sin concluir— de 1560, algo menos de cuatro años antes de la muerte del escultor.

He traducido todos los sonetos de Miguel Ángel que se conservan íntegros. En total, 79. No sólo por una suerte de fidelidad personal al soneto, sino porque considero que —aparte alguna otra pieza— constituyen la labor esencial del Miguel Ángel poeta, llenando además todas sus gamas sentimentales y pasionales: poesía de ocasión o circunstancia, lírica de amor hacia Cavalieri, lírica amoroso-espiritualista hacia Vittoria Colonna, y poesía de preocupación religiosa, correspondiente, en general, a su última época.

Como en otras traducciones —especialmente mi antología de *Sonetos* de Du Bellay—, mi pretensión ha sido mantener la estructura versaria del soneto, pero no su rima ni su medida (soy enemigo de la traducción rimada), aunque sí una sonoridad poética, un juego de rimas internas u ocasionales que, como he dicho en otra ocasión, mantengan la fidelidad al original y la fidelidad a la poesía. Es decir, que el poema se lea como tal.

La poesía de Miguel Ángel es particularmente áspera y difícil. Durante mucho tiempo la crítica italiana la consideró pobre y mala. Todavía Bendetto Croce (en una época en que el Miguel Ángel poeta había recibido los elogiosos de Wordsworth, Rilke o Thomas Mann) hablaba de la repulsión que le inspiraban *sus impropiedades, sus ripios, sus contorsiones, sus rudezas.* Se trata, en efecto, de una poesía como tallada en piedra, prieta de conceptos y de fuerza, pero con un (ocasional, mas evidente) *desaseo* sintáctico. Una poesía irregular, llena de aristas. La traducción —al elegir una opción sobre otra— posiblemente lime alguna, pero para ser tal traducción ha de mantener, en lo posible, esa, digámosle, *divina rudeza.*

Sólo conozco tres traducciones de Miguel Ángel al castellano. La de Belmonte-Müller, en verso, y en general correcta, aunque sólo he llegado a ella fragmentariamente. La de Guido

Gutiérrez, en Miguel Angel Buonarroti, *Obras escogidas* (Felmar, Madrid, 1975), que traduce todos los sonetos y fragmentos de sonetos. Se trata de una versión deplorable, llena de errores de interpretación, y tan incorrecta en castellano, que la mayoría de los textos —pese a algún acierto ocasional— resultan tan pobres como incomprensibles. Y la que de 22 piezas miguelangelescas (trece sonetos) publicó Joaquín Arce en *Arte y poesía de Miguel Ángel* (Catálogo de la «exposición de Miguel Ángel», precedido de una introducción de Arnaldo Bascone, y antología poética con versión en español por Joaquín Arce), Cuadernos del Instituto Italiano de Cultura de Madrid, 5, Madrid, 1964. La traducción de Arce, correcta y bella, *mejora,* sin embargo, el original, lo simplifica y lo adecenta, además de estar también en verso. Entiendo, por ello, que intento casi por primera vez la traslación de Miguel Ángel a nuestro idioma, sin podarlo en ningún sentido.

Traduje por primera vez una *rima* miguelangelesca —creo— en 1974. En 1979 traduje el primer soneto, continuando seis años más tarde. Los dos primeros sonetos traducidos han sido retocados en esta nueva versión. Se habían publicado en las revistas *La Moneda de Hierro* (Madrid) y *Cuadernos de Traducción e Interpretación* (Barcelona). Otros dos sonetos, en las mismas versiones que ahora aparecen, los ha publicado *Cuadernos del Norte* (Oviedo). La presente tarea traductora me ha ocupado, pues, de manera más o menos regular, desde 1985 a comienzos de agosto de 1986. Después redacté las notas, sin más pretensión que situar y ayudar a la mejor lectura del soneto.

La numeración romana es la correlativa de nuestra traducción. La arábiga remite a la edición italiana de Barelli-Testori.

Tengo que agradecer a la profesora María Hernández Esteban alguna información bibliográfica. Y a la también profesora Elide Pittarello alguna consulta sobre el texto italiano.

BIBLIOGRAFÍA

(Las principales ediciones críticas del texto miguelangelesco, así como sus traducciones al castellano quedan reseñadas en la justificación a la edición presente.)

BALDACCI, Luigi, *Il petrarchismo nel Cincuecento,* Padua, 1974.
— «Lineamenti della poesía di Michelangelo», en *Paragone,* núm. 72, 1955.
BINNI, Walter, «Michelangelo scrittore», en *La Rassegna della letteratura italiana,* mayo-diciembre de 1964.
Bo, Carlo, *Lirici del Cincuecento,* Milán, 1941.
CLEMENTS, R. J., *Michelangelo's theory of Art,* Nueva York, 1961.
— *The poetry of Michelangelo,* Nueva York, 1965.
CONDIVI, Ascanio, *Vita di M. B.,* Roma, 1553. (Reedición Rizzoli, Milán, 1964.)
CONTINI, Gianfranco, «Il senso delle cosa nella poesía di Michelangelo», en *Esercizi di lettura,* Florencia, 1947.
DE TOLNAY, Charles, *The art and thought of Michelangelo,* Nueva York, 1964.
FARINELLI, Arturo, «Michelangelo poeta», en *Raccolta di studi critici dedicata ad A. D'Ancona,* Florencia, 1901.
— *Michelangelo e Dante,* Turín, 1918.
FERRERO, G. G., *Il petrarchismo del Bembo e le Rime di Michelangelo,* Turín, 1935.
FOSCOLO, Ugo, «Michelangelo», dos ensayos de 1822 y 1826, en *Saggi, e discorsi critici,* a cura di Foligno, 1953.
FUBINI, Mario, «Michelangelo fu anche poeta?», *La Stampa,* Turín, 7 de febrero de 1964.
GIRARDI, Enzo Noé, *Studi sulle Rime di Michelangelo,* Milán, 1964.
— *Studi su Michelangelo scrittore,* Florencia, 1974.
INSINGA, Antonio, *Michelangelo poeta,* Palermo 1919.
MANN, Thomas, «El eros de Miguel Ángel» (1950), en *El artista y la sociedad,* Barcelona, 1974.
PAPINI, GIOVANNI, *Vita de Michelangiolo nella vita del suo tempo,* Milán, 1949. (Hay traducción española.)

PATER, Walter, «The poetry of Michelangelo», en *The Ranaissance*, Londres, 1873. (Hay traducción española.)

VASARI, Giogio, *Vita di M. B.*, Florencia, 1550. Última edición italiana en las *Vite*, Rizzoli, Milán, 1971. (Hay traducción española.)

WHITFIELD, J. H., «The poetry of Michelangelo», en *Collected essays on Italian Literature*, Manchester University Press, 1971.

Para mayor información bibliográfica —también sobre la obra artística de Miguel Ángel— consúltese los siguientes repertorios:

E. STEINMANN, y R. WITTKOWER, *Michelangelo Bibliographie*, 1510-1926, Leipzig, 1927.

— *Michelangelo Buonarroti* en el IV centenario del «Giudizio Universale», Florencia, 1943.

APÉNDICE

UN SONETO DE VITTORIA COLONNA

Como mínima muestra de las cercanías —y grandes distancias— entre la lírica buonarrotiana, y la de la marquesa de Pescara (mucho más regular en la forma, pero también más *blanda)*, traduzco, testimonialmente, uno de sus sonetos de corte espiritual, parelelo en fecha a los que Miguel Angel le dedicara. Es el que comienza *Di gioia in gioia, d'una in altra schiera,* tomado de *Poesía Italiana. Il Cinquecento.* A cura de Giulio Ferroni, Garzanti, Milán, 1978.

> De gozo en gozo, de una a otra hilera
> de pensamientos dulces y hermosos, amor divino
> afuera me guía del árido frío invierno
> hacia su verde y calurosa primavera.
> Quizá el Señor, pues que de blanda cera
> me vea el pecho, donde el eterno sello
> quiere imprimir en el más vivo adentro
> del corazón la fe fundada y verdadera,
> no quiera con dura cruz en áspero sendero,
> sino con yugo suave y peso leve
> conducirme a puerto por vía placentera:
> o aún quizá, como benigno experto
> padre y maestro, con esta breve paz
> me apreste y arme para larga guerra.

SONETOS COMPLETOS

Grato e felice, a'tuo feroci mali
ostare e vincer mi fu già concesso;
or lasso, il petto vo bagnando spesso
contr'a mie voglia, e so quante tu vali.

E se i dannosi e preteriti strali.
al segno del mie cor non fur ma' presso,
or puoi a colpi vendicar te stesso
di que' begli occhi, e fien tutti mortali.

Da quanti lacci ancor, da quante rete
vago uccelleto per maligna sorte
campa molt'anni per morir po' peggio,

tal di me, donne, Amor, como vedete,
per darmi in questa età più crudel morte,
campato m'ha gran tempo, come veggio.

Grato y feliz, a tus feroces males
contender y vencer me fue otorgado;
ahora triste, a menudo, el pecho baño
contra mi voluntad, y sé ya cuánto vales.
Y si los dañinos y pretéritos dardos
no causaron grave quebranto al corazón,
puedes ahora tú mismo a golpes vengarte
con estos ojos bellos, asestándolos mortales.
Cual de muchos lazos y de muchas redes
un leve pajarillo por maligna suerte
años escapa para luego morir más malamente,
igual conmigo Amor, cual veis, señoras,
un tiempo, se me ocurre, me ha guardado,
por darme en esta edad más cruel muerte.

Escrito poco después de 1504. Es soneto —como se ve en el último terceto— dirigido al Amor. Ese Amor —que ha respetado muchos años al poeta—
le ataca en la edad madura.

El poema se conserva en un folio donde hay también dibujos de caballos, y
un esbozo de batalla entre caballeros e infantes.

Quanto si gode, lieta e ben contesta
di fior sopra' crin d'or d'una, grillanda,
che l'altro inanzi l'uno all'altro manda,
come ch'il primo sia a baciar la testa!

Contenta è tutto il giorno quella vesta
che serra 'l petto e poi par che si spanda,
e quel c'oro filato si domanda
le guanci' e 'l collo di tocar non resta.

Ma più lieto quel nastro par che goda,
dorato in punta, con sì fatte tempre
che preme e tocca il petto ch'egli allaccia.

E la schietta cintura che s'annoda
mi par dir seco: qui vo' stringer sempre.
Or cha farebbon dunche le mie braccia?

¡Cuánto se goza, alegre y bien tejida
sobre cabello de oro, de flores, la guirnalda,
unas a otras empujándose adelante
por besar las primeras su cabeza!
Contento todo el día está el vestido
que el pecho aprieta y que aún se alarga,
y lo que de oro hilado se pregona
cuello y mejillas de tocar no cesa.
Pero más alegre la cinta que se goza,
con dorada punta, de tal modo hecha,
que aprieta y toca el pecho al que enlaza.
Y el cinturón sencillo que se anuda
parece que se diga: Aquí ceñiré siempre.
¡Qué no será lo que mis brazos hagan!

Escrito en 1507, para una desconocida boloñesa.

Miguel Ángel se hallaba en Bolonia trabajando en la estatua —después des-
truida— del Papa Julio II.

El soneto aparece en el envés de una carta escrita por Miguel Ángel a su hermano desde esa ciudad el 24 de diciembre de 1507.

El motivo del poema parte del *topos* tradicional —bien resuelto por el Buonarroti— del *¡Ay, quien fuera...* (la cinta de tu pelo, etc...) testimoniado desde la lírica arcaica griega, y muy especialmente en las anacreónticas.

I' ho già fatto un gozzo in questo stento,
come fa l'acqua a' gatti in Lombardia
o ver d'altro paese che si sia,
c'a forza 'l ventre appicca sotto 'l mento.

La barba al cielo, e la memoria sento
in sullo scrigno, e 'l petto fo d'arpia,
e'l pennel sopra 'l viso tuttavia
mel fa, gocciando, un ricco pavimento.

E' lombi entrati mi son nella peccia,
e fo del cul per contrapeso groppa,
e' passi senza gli occhi muovo invano.

Dinanzi mi s'allunga la corteccia,
e per piegarsi adietro si ragroppa,
e tendomi com'arco sorïano.

Però fallace e strano
surge il iudizio che la mente porta,
ché mal si tra' per cerbottana torta.

La mia pittura morta
difendi orma', Giovanni, e'l mio onore,
non sendo in loco bon, né io pittore.

III (5)

Se me ha hecho ya buche en la fatiga,
como a los gatos hace el agua en Lombardía
o en cualquier otra región en que esto ocurra,
que a fuerza el vientre se junta a la barbilla.
Siento la barba al cielo y en el dorso
la memoria, y tengo el pecho de una arpía,
y el pincel sobre el rostro, goteando,
me lo va convirtiendo en pavimento rico.
Los riñones me han entrado hasta la panza,
y hago del culo en contrapeso grupa,
y en vano sin los ojos pasos muevo.
Por delante se me estira la corteza
y por plegarse atrás ahí se me arruga,
extiéndome como un arco de Siria.
Mas falaz y extraño
el juicio brota que la mente lleva,
pues tira mal la cerbatana rota.
Mi pintura muerta
defiende en adelante, Juan, y el honor mío,
pues no estoy en mi sitio ni pintor me digo.

Soneto con dos estrambotes. Escrito hacia 1509 ó 1910, mientras Miguel Ángel pintaba los frescos del techo de la Capilla Sixtina. En el manuscrito aparece el bosquejo de un hombre, de pie, mientras pinta una figurilla en lo alto; y una frase que dice: *A Giovanni* (Juan), *precisamente al de Pistoya*.

Algo burlesco y realista, el soneto se ha considerado siempre claro testimonio de los esfuerzos gigantescos que Buonarroti hizo, sobre su andamio, para realizar, en solitario, la magna obra de la Capilla. El autorretrato es expresivo, y no falto de expresiones coloquiales oscuras, tal el verso segundo: *come fa l'acqua a'gatti in Lombardia*. Según Girardi, por *gatti* —gatos— hay que entender *campesinos*, a los que el agua en malas condiciones producía bocio.

Giovanni de Pistoia fue un literato, amigo un tiempo muy apasionado de Miguel Ángel, a quien dedicó sonetos casi amorosos. Luego surgieron desavenencias en la amistad. Giovanni llegó a ser canciller de la florentina Academia degli Umidi.

Además de sonetos y rimas, escribió una comedia, *La Gioia*. En la época de su amistad con Miguel Ángel —cuando la pintura de la Sixtina, en que el Buonarroti trató a poquísima gente— Giovanni era joven.

Signor, se vero è alcun proverbio antico,
questo è ben chel, che chi può mai non vuole.
Tu hai creduto a favole e parole
e premiato chi è del ver nimico.

I' sono e fui già tuo buon servo antico,
a te son dato come e' raggi al sole,
e del mie tempo non ti incresce o dole,
e men ti piaccio se più m'affatico.

Già sperai ascender per la tua altezza,
e 'l giusto peso e la potente spada
fussi al bisogno, e non la voce d'eco.

Ma 'l cielo è quel c'ogni virtù disprezza
locarla al mondo, se vuol c'altri vada
a prender frutto d'un arbor ch'è secco.

Señor, si es verdad algún proverbio antiguo,
es el que dice que quien puede más no quiere.
Has creído en fábulas y palabras vanas
y premiado a quien es de la verdad enemigo.
Yo soy y fui tu buen siervo antiguo
y a ti dado como al sol los rayos,
mas de mi tiempo ni te compadeces ni cuidas,
y menos te plazco, cuanto más me afano.
Yo esperé ascender hacia tu alteza,
y tu equilibrio justo y potente espada
mi ayuda fuesen, y no la voz del eco.
Mas el propio cielo desdeña situar cualquier
virtud en el mundo, queriendo que vayamos
a coger el fruto del árbol que está seco.

Soneto escrito alrededor de 1511. Muy probablemente dirigido al Papa Julio
II, quejándose de que éste hubiera prestado oídos a los enredos de Rafael y Bra-
mante, en torno a la pintura del techo de la Sixtina, de donde pretendían retirar
a Miguel Ángel.

La expresión *potente spada* aludiría a la conocida belicosidad del pontífice.
Mientras que el *arbor* (árbol) del verso final parece referirse críticamente al ape-
llido del Papa. *(Della Rovere,* es decir, del Roble.)

Qua si fa elmi di calici e spade
e 'l sangue di Cristo si vend'a giumelle,
e croce e spine son lance e rotelle,
a pur da Cristo pazïenzia cade.

Ma non ci arrivi più 'n queste contrade,
ché n'andre' 'l sangue suo 'insin alle stelle,
poscia c'a Roma gli vendon le pelle,
e ècci d'ogni ben chiuso le strade.

S'i' ebbi ma' voglia a perder tesauro,
per ciò che quea opra da me è partita,
può quel nel manto che Medusa in Mauro;
    ma se alto in cielo è povertà gradita,
qual fia di nostro stato il gran restauro,
s'un altro segno ammorza l'altra vita?

V (10)

Aquí se hacen yelmos y espadas de los cálices
y la sangre de Cristo se vende a manos llenas,
y cruces y espinas son lanzas y rodelas,
y hasta la paciencia de Cristo se acaba.
Mas Él no debiera volver a estas regiones,
si hasta las estrellas llegase su sangre,
ahora que en Roma le venden la piel
y a toda bondad clausuran las sendas.
Si tuviese yo deseos de perder tesoro,
pues que aquí ya he perdido mi trabajo,
puede el del manto hacer lo que Medusa en Moro;
mas si al alto cielo la pobreza agrada
¿qué hacer para retornar a nuestro estado,
si otra señal a la otra vida apaga?

Escrito en 1512. Al final del manuscrito se lee: *Vuestro Miguel Angel en Turquía.*

Ataque a la venalidad y combatibidad de la Santa Sede que en esos años —con Julio II— había formado la Liga Santa, con España, Venecia y la Confederación Helvética, contra Francia.

Miguel Angel se vuelve de nuevo —aunque un tanto crípticamente— contra el Papa, que es *el del manto,* y que (al igual que la Medusa en Mauritania) transforma en piedra, o aniquila.

La señal de la guerra apaga la de la Cruz, y con ella la esperanza de la vida eterna.

Nótese la obsesión espiritualista de Miguel Ángel. Su afán de íntima perfección.

I' fu', già son molt'anni, mille volte
ferito e morto, non che vinto e stanco
da te, mie colpa; e or col capo bianco
riprenderò le tuo promesse stolte?

Quante volte hai legate e quante sciolte
le triste membra, e sì spronato il fianco,
c'appena posso ritornar meco, anco
bagnando il petto con lacrime molte!

Di te mi dolgo, Amor, con teco parlo,
sciolto da'tuo lusinghi: a che bisogna
prender l'arco crudel, tirare a voto?

Al legno incenerato sega o tarlo,
o dietro a un correndo, è gran vergogna
c'ha perso e ferma ogni destrezza e moto.

Si fui, ya muchos años, mil veces
herido y muerto, que no vencido o cansado
por ti, y por mi culpa; ¿Ahora retornaré,
blanco el pelo, a tus promesas necias?
¡Has atado tantas veces y tantas librado
los tristes miembros, y tanto herido el costado,
que puedo apenas volver en mí, aunque
bañando el pecho de abundantes lágrimas!
De ti me duelo, Amor, contigo hablo,
libre de tus halagos ¿a qué sirve
tomar tu arco cruel, y disparar a nada?
Como a leño en ceniza sierra o termes,
gran vergüenza así es corriendo perseguir
a quien perdió ya destreza y movimiento.

Escrito en 1524 ó 1525. (Editores antiguos —como Frey— lo suponían de 1550.)

No es insólito en el momento que un hombre de cincuenta años —los que Miguel Ángel tenía al escribir este soneto, según los editores modernos, como Girardi— se creyese ya viejo para el amor, recriminándole, pues, su aguzadora insistencia.

Quand'il servo il signor d'aspra catena
senz'altra speme in carcer tien legato,
volge in tal el suo misero stato,
che libertà domanderebbe appena.

E el tigre e 'l serpe ancor l'uso raffrena,
e 'l fier leon ne' folti boschi nato;
e 'l nuovo artista, all'opre affaticato,
coll'uso del sudor doppia suo lena

Ma 'l foco a tal figura non s'unisce;
ché se l'unor d'un verde legno estinge,
il freddo vecchio scalda e po' 'l nutrisce,

e tanto il torna in verde etate e spinge,
rinnuova e 'nfiamma, allegra e 'ngiovanisce,
c'amor col fiato l'alma e 'l cor gli cinge.

E se motteggia o finge,
chi dice in vecchia etate esser vergogna
amar cosa divina, è gran menzogna.

L'anima che non sogna,
non pecca amar le cose di natura,
usando peso, termine e misura.

Cuando al siervo el señor con áspera cadena
sin otra esperanza en cárcel tiene preso,
tanto se habitúa a su mísero estado
que apenas llega a reclamar ser libre.
Aun al tigre o la sierpe el hábito refrena,
y hasta al fiero león en las selvas nacido;
y el nuevo artista cansado del trabajo,
habituándose al sudor amengua su fatiga.
Mas a imagen tal el fuego no se une;
pues si el humor de un leño verde apaga
al frío viejo lo calienta y nutre,
y tanto en verde edad lo torna y estimula,
renueva e inflama, alegra y hace joven,
que con su aliento amor alma y corazón ciñe.
Y si se burla o finge,
quien dice que es vergüenza en la vejez
amar a un ser divino, seguro miente.
El alma que no sueña,
no peca por amar las cosas naturales,
utilizando peso, término y medida.

Soneto *caudato* o con estrambote, doble en este caso. Escrito probablemente
hacia 1524-25.

Reaparición de la obsesión miguelangelesca de sentirse *viejo*. Parte del soneto
desarrolla la idea de que el amor (por su fuego) abate al joven, pero nutre y reju-
venece al viejo.

La vita del mie amor non è 'l cor mio,
c'amor di quel ch'i' t'amo è senza core;
dov'è cosa mortal, piena d'errore,
esser non può già ma', né pensier río.

Amor nel dipartir l'alma da Dio
me fe' san occhio e te luc' e splendore;
né può non rivederlo in quel che more
di te, per nostro mal, mie gran desio.

Come dal foco el caldo, esser diviso
non può dal bell'etterno ogni mie stima,
ch'exalta, ond'ella vien, chi più 'l somiglia.

Poi che negli occhi hai tutto 'l paradiso,
per ritornar là dov'i' t'ama' prima,
ricorro ardendo sott'alle tuo ciglia.

VIII (34)

La vida de mi amor no está en mi corazón,
pues corazón no tiene el amor con que te amo;
que donde hay cosa mortal, llena de error,
no puede él morar, ni pensamiento indigno.
Al separarse el alma y Dios, Amor
me dio un ojo sano, y a ti luz y esplendor;
dejar de verlo así no puede en esa parte
que muere en ti, por nuestro mal, mi gran deseo.
Como del fuego el calor dividirse no puede,
tampoco mi juicio de la belleza eterna,
cuando exalta, pues de ella viene, cuanto le asemeja.
Ya que en tus ojos está entero el paraíso,
por retornar ahí donde te amé primero,
ardientemente voy yo bajo tus cejas.

Escrito hacia 1526. El conceptuoso e intrincado estilo de Miguel Ángel se
complica aquí (especialmente en los últimos versos del segundo cuarteto) con
una construcción latinizante.

Spirto ben nato, in cu' si specchia e vede
nelle tuo belle membra oneste e care
quante natura él ciel tra no' può fare,
quand'a null'altra suo bell'opra cede:

spirto leggiadro, in cu' si spera a crede
dentro, come di fuor nel viso appare,
amor, pietà, mercè, cose sì rare,
che ma' furn'in beltà con tanta fede;

l'amor mi prende e la beltà mi lega;
la pietà, la mercè con dolci sguardi
ferma speranz'al cor par che ne doni.

Qual uso o qual governo al mondo niega,
qual crudeltà per tempo o qual più tardi,
c'a sì bell'opra morte non perdoni?

Espíritu bien nacido, en el que se espeja y ve
en tus hermosos miembros caros y honestos
cuánto cielo y natura en nosotros pueden hacer,
cuando a ninguna otra su bella obra ceden:
Espíritu delicioso, en el que se espera y cree
por dentro, cual aparece en el rostro afuera,
amor, piedad, merced, tan raras cosas,
cual nunca con fe tal se unieron en belleza.
Me cautiva el amor, y la beldad me ata;
la piedad, la merced con su mirar suave
quieta esperanza al corazón le otorgan.
¿Qué uso o qué gobierno niega al mundo,
qué crueldad de hoy o cuál más tarde,
que no perdone muerte obra tan hermosa?

Escrito algo después de 1528. El manuscrito está en el mismo folio del soneto siguiente.

Dimmi di grazia, Amor, se gli occhi mei
veggono 'l ver della beltà c'aspiro
o s'io l'ho dentro allor che, dov'io miro,
veggio scolpito el viso di costei.

Tu 'l de 'saper, po' che tu vien con lei
a torm'ogni mie pace, ond'io m'adiro;
né vorre' manco un minimo sospiro,
né men ardente foco chiederei.

— La beltà che tu vedi è ben da quella,
ma crece poi c'a miglior loco sale,
se per gli occhi mortali all'alma corre.

Quivi si fa divina, onesta e bella,
com'a sé simil vuol cosa immortale:
questa e non quella agli occhi tuo precorre. —

X (42)

Dime de grado, Amor, si estos mis ojos
de veras ven a la beldad que aspiro
o si va dentro en mí, y a donde miro,
veo esculpido entonces su rostro.
Tú lo debes saber, pues que con ella vas
a arrancarme la paz y darme enojo;
mas perder no querría un mínimo suspiro,
ni pedir otro fuego de más breve ardor.
—La belleza que ves en verdad está en ella,
pero crece al subir hasta un lugar mejor,
y por los ojos mortales viene al alma.
Ahí divina se vuelve, honesta y bella,
pues semejante a sí es todo lo inmortal:
Y ésta, no aquélla, se llega hacia tus ojos.

Posterior a a 1528. Exacta traslación al soneto de una teoría platónica sobre
la belleza.

La ragion meco si lamenta e dole,
parte ch'i' spero amando esser felice;
con forti esempli e con vere parole
la mie vergogna mi rammenta e dice:
— Che ne riportera' dal vivo sole
altro che morte? e non come fenice—.
Ma poco giova, ché chi cader vuole,
non basta l'altru' man pront' e vittrice.

I' conosco e' mie danni, e 'l vero intendo;
dall'altra banda albergo un altro core,
che più m'uccide dove più m'arrendo.

In mezzo di duo mort' è 'l mie signore:
questa non voglio e questa non comprendo:
così sospeso, el corpo e l'alma muore.

La razón conmigo se lamenta y duele,
mientras amando espero ser feliz;
con ejemplos fuertes y palabras ciertas
rememora mi vergüenza y dice:
—¿Qué te reportará tan vivo sol
sino la muerte? Y no cual la del fénix—.
Mas poco ayuda, que a quien quiere caer,
no basta esa rápida mano vencedora.
Conozco mis daños y la verdad entiendo;
del otro lado albergo un corazón distinto,
que más me mata cuanto más me entrego.
Entre dos muertes mi señor se asienta:
Ésta no quiero, la otra no comprendo:
y suspenso así, mueren alma y cuerpo.

Escrito con posterioridad a 1528. En el mismo folio del manuscrito hay unos apuntes, considerados anteriores y fechados el 6 de enero de 1529. Bajo los tercetos se encuentra esbozada una figura femenina.

Cautivo moribundo.

Cautivo rebelde.

Se 'l mie rozzo martello i duri sassi
forma d'uman aspetto or questo or quello,
dal ministro che'l guida, iscorge e tiello,
prendendo il moto, va con gli altrui passi.

Ma quel divin che in cielo alberga e stassi,
altri, e sé più, col propio andar fa bello;
e se nessun martel senza martello
si può far, da quel vivo ogni altro fassi.

E perché 'l colpo è di valor più pieno
quant' alza più se stesso alla fucina,
sopra 'l mie questo al ciel n'è gito a volo.

Onde a me non finito verrà meno,
s'or non gli dà la fabbrica divina
aiuto a farlo, c'al mondo era solo.

XII (46)

Si mi tosco martillo en duras piedras
de humano aspecto forma aquello o esto,
del ministro que lo escolta, empuña y guía
toma el movimiento, y da pasos ajenos.
Mas el divino que en el cielo está y mora,
a lo demás y a sí, moviéndose embellece;
y si ningún martillo sin otro martillo
puede hacerse, de ese vivo se hacen otros.
Y pues que el golpe más mérito tiene
cuanto más se levanta de la fragua,
éste sobre el mío ha volado al cielo.
Por lo que mi no acabado vendrá a menos,
si ayuda no le da la fábrica divina
para hacerlo, pues en el mundo era él solo.

Escrito con posterioridad a 1528. En el manuscrito, tras el soneto, aparecen estas líneas del propio Miguel Ángel:

> [Lionardo]— Era el único en exaltar en el mundo con gran virtud la virtud; nadie como él manejando el fuelle. Ahora en el cielo tendrá muchos compañeros, pues que sólo ahí están a los que ha gustado la virtud; por lo que espero que desde allá arriba acabará aquí abajo mi martillo. Ahora en el cielo tendrá al menos quien le sostenga el fuelle; pues aquí abajo no tenía ningún compañero en la fragua en que se exaltan las virtudes.

Frey pensaba que este soneto simbólico-alegórico aludiría (lo que lo haría más tardío de la fecha propuesta) a la muerte de Vittoria Colonna. Girardi —más acertadamente, a mi juicio— propone esta otra fecha, y lo supone dedicado a la muerte de un desconocido amigo del escultor, en cuya virtud éste tomaba aliento. También podría referirse a la muerte de su hermano Buonarroto —que dejó un chiquillo llamado Leonardo— acaecida en 1528.

El soneto, elegiaco en cualquier caso, explaya una teoría platónica —la del mundo de las ideas— que proviene del *Cratilo*. Sin embargo (como descubrió Girardi), las imágenes del *martillo* —martello— y de la *fabbrica divina,* proceden de Dante (del que Miguel Ángel fue asiduo lector), exactamente de *Paradiso* II, 127-132.

El *este* (questo), del verso final del primer terceto, alude al amigo muerto, que inspira el martillo creador del artista, y era el único ser en el mundo que podría ayudarle.

Quand'el ministro de' sospir mie tanti
al mondo, agli occhi mei, a sé si tolse,
natura, che fra nou degnar lo volse,
restò in vergogna, e chi lo vide in pianti.

Ma non come degli altri oggi si vanti
del sol del sol, c'allor ci spense e tolse,
morte, c'amor ne vinse, e farlo il tolse
in terra vivo e'n ciel fra gli altri santi.

Così credette morte iniqua e rea
finir il suon delle virtute sparte,
e l'alma, che men bella esser poeta.

Contrari effetti alluminan le carte
di vita più che'n vita non solea,
e morto ha'l ciel, c'allor non avea parte.

Cuando el ministro de los suspiros míos
en el mundo, ante mis ojos, se apartó de sí,
natura, que dignificarlo quería entre nosotros,
avergonzada quedó, y quien le vio, en llanto.
Mas cual de otros no se envanezca hoy
de este sol del sol, que así lo apaga y toma
la muerte, pues amor venció, que vivo le hizo
en la tierra y entre otros santos del cielo.
Así creía la muerte inicua y mala
acabar el son de sus virtudes tantas,
y que el alma se dijese menos bella.
Efectos contrarios iluminan los valores
de la vida más que cuando en vida estaba,
y muerto es del cielo, que antes no lo guardaba.

Posterior a 1528. El folio del manuscrito posee diversos esbozos. Entre ellos
el perfil de un viejo, con barba, que mira a una mujer de senos desnudos y flá-
cidos.

Frey sostenía que se trataba de Vittoria Colonna y del propio Miguel Ángel.
Lo que no parece probable.

Según tal teoría, sería un soneto inspirado por la muerte de la poetisa. Girardi sostiene —nuevamente con mejor criterio— que este soneto fúnebre vendrá
dictado por la muerte de su hermano Buonarroto (como el anterior) o acaso
—aunque ello retrasaría algo su fecha— por la muerte de Febo di Poggio, al
que aludiría la expresión —referida al difunto— *sol del sol*.

Se l'inmomortal desio, c'alza e corregge
gli altrui pensier, traesi e' mie di fore,
forse c'ancor nella casa d'Amore
farie pietoso chi spietato regge.

Ma perché l'alma per divina legge
ha lunga vita, e 'l corpo in breve muore,
non può 'l senso suo lode o suo valore
appien descriver quel c'appien non legge.

Dunche, oilmè! come sarà udita
la casta voglia che 'l cor dentro incende
da chi sempre se stesso in altrui vede?

La mie cara giornata m'è impedita
col mie signor c'alle menzogne attende,
c'a dire il ver, bugiardo è chi nol crede.

XIV (58)

Si el deseo inmortal que alza y modera
los demás pensamientos, aflorase los míos,
quizá a quien en la casa de Amor despiadado
reina, tornarle podría en apiadado.
Mas pues que el alma por ley divina
mucho vive, y el cuerpo muere en breve,
no puede el sentido su alabanza o valor
describir del todo, si del todo no entiende.
Entonces, ¡ay de mí!, ¿cómo será entendido
el casto deseo que al corazón enciende,
por quienes siempre a sí en los demás se ven?
Mi jornada mejor no me es posible
con mi señor que atiende a las mentiras,
pues diciendo verdad, es embustero quien no cree.

Escrito en 1532. Es probablemente el primero de los sonetos dedicados al joven Tommaso dei Cavalieri. En ese momento el culto y bellísimo muchacho romano tenía diecisiete años, y Miguel Ángel cincuenta y siete. Esta relación, que
durará toda la vida del artista (cfr. el prólogo al volumen), es la fuente del más
importante grupo de poemas amorosos miguelangelescos.

S'un casto amor, s'una pietà superna,
s'una fortuna infra dua amanti equale,
s'un'aspra sorte all'un dell'altro cale,
s'un spirto, s'un voler duo cor governa;

s'un'anima in duo corpi è fatta etterna,
ambo levando al cielo e con pari ale;
s'Amor d'un colpo e d'un dorato strale
le viscer di duo petti arda e discerna;

s'aman l'un l'altro e nessun se medesmo,
d'un gusto e d'un diletto, a tal mercede
c'a un fin voglia l'uno e l'altro porre:

se mille e mille, non sarien centesmo
a tal nodo d'amore, a tanta fede;
e sol l'isdegno il può rompere e sciorre.

Si un casto amor, si una piedad altísima,
si una fortuna igual a dos amantes,
si una suerte adversa les importa a ambos,
si un espíritu y querer rige su corazón;
si eterna es un alma, pero los cuerpos dos,
llevándolos al cielo con alas similares;
si Amor a un tiempo y con dorado dardo
lo íntimo de dos pechos lacera y arde;
si uno ama al otro y ninguno a sí mismo,
con igual gusto y cariño, a punto extremo
que quieran los dos al mismo fin llegar:
entre mil y mil, a cien alcanzarían
con tal nudo de amor, y semejante fe;
que sólo el desdén lo pueda romper o soltar.

De 1532. Dirigido a Cavalieri. Este soneto y el siguiente están escritos en el
mismo papel de una carta dirigida desde Florencia a Miguel Ángel en Roma el
5 de agosto de 1532 por el pintor Giuliano Bugiardini.

Tu sa' ch'i' so, signor mie, che tu sai
ch'i' vengo per goderti più da presso,
e sai ch'i' so che tu sa' ch'i' son desso:
a che più indugio a salutarci omai?

Se vera è la speranza che mi dai,
se vero è 'l gran desio che m'è concesso,
rompasi il mur fra l'uno e l'altra messo,
ché doppia forza hann' i celati guai.

S'i' amo sol di te, signor mie caro,
quel che di te più ami, non ti sdegni,
ché l'un dell'atro spirto s'innamora.

Quel che nel tuo bel volto bramo e 'mparo,
e mal compres' è dagli umani ingegni,
chi 'l vuol saper convien che prima mora.

Tú sabes que sé, mi señor, y sabes
que me aproximo más para gozarte,
y sabes que sé que sabes quién soy:
¿a qué pues más retardo en saludarse?
Si verdad es la esperanza que me das,
y verdad mi gran deseo concedido,
el muro rómpase alzado entre los dos,
que son más fuertes los daños ocultos.
Si sólo amo de ti, mi señor querido,
lo que de ti más amas, no te enojes,
si un espíritu del otro se enamora.
Lo que en tu bella faz aprendo y busco,
mal lo comprende el ingenio humano:
Quien saberlo quiera, ha de morir entonces.

De 1532. Obviamente, es el inicio de la relación —llena de ingredientes y re-
ferencias platonizantes— con Cavalieri.

S'i' avessi creduto al primo sguardo
di quest'alma fenice al caldo sole
rinnovarni per foco, come suole
nell'ultima vecchiezza, ond'io tutt'ardo,

    qual più veloce cervio o lince o pardo
segue 'l suo bene e fugge quel che dole,
agli atti, al riso, all'oneste parole
sarie cors'anzi, ond'or son presto e tardo.

    Ma perché più dolermi, po' ch'i' veggio
negli occhi di quest'angel lieto e solo
mie pace, mie riposo e mie salute?

    Forse che prima sarie stato il peggio
vederlo, udirlo, s'or di pari a volo
seco m'impenna a seguir suo virtute.

Si yo hubiera creído a la primer mirada
al cálido sol de esta fénix alma
por fuego renovarme, como acostumbra ella
en la vejez extrema, en el que entero ardo,
cual velocísimo ciervo, lince o leopardo
sigue su bien y del dolor escapa,
a los actos, sonrisas y honestas palabras
corriendo habría ido, mas soy presto tarde.
¿Pero por qué dolerme, si veo
en los ojos de este ángel único y contento
mi paz, mi reposo y mi entera salud?
Peor hubiera sido —quizá— primeramente
verlo y oírlo, que ahora con igual vuelo
consigo me arrastra a seguir su virtud.

De 1532. Siempre la historia amorosa con Cavalieri. Soneto característico del
hacer miguelangelesco: la densidad conceptual se expresa con frecuentes torci-
mientos, quiebros sintácticos y tendencia al hipérbaton. Según la mitología clá-
sica, el ave Fénix, al sentir —ya vieja— próxima la muerte, quemaba su nido, y
de esas cenizas brotaba una Fénix nueva. El alma de Cavalieri (a través de los
ojos, como en la teoría del *amor cortés*) obraría cual Fénix en la del poeta, reno-
vándole, por ardor amoroso, en la vejez. Pero, aunque ésa parece haber llegado
tarde, sólo verla actuando (su vuelo) le estimula hacia la virtud.

Sol pur col foco il fabbro il ferro stende
al concetto suo caro e bel lavoro,
né senza foco alcun artista l'oro
al sommo grado suo raffina e rende;

né l'unica fenice sé riprende
se non prim'arsa; ond'io, s'ardendo moro,
spero più chiar resurger tra coloro
che morte accresce e 'l tempo non offende.

Del foco, di ch'i' parlo, ho gran ventura
c'ancor per rinnovarmi abbi in me loco,
sendo già quasi nel numer de' morti.

O ver, s'al cielo ascende per natura,
al suo elemento, e ch'io converso in foco
sie, come fie che seco non mi porti?

Sólo con fuego el herrero el hierro extiende
por hacer su trabajo igual a su concepto,
ni sin fuego artista alguno el oro
al sumo grado lo refina y vuelve;
ni el singular fénix se rehace
si no ardió primero; por lo que, si ardiendo muero,
espero más claro resurgir entre aquellos
a quienes muerte enaltece y no ofende el tiempo.
Del fuego que hablo me es gran ventura
aún para renovarme en mí tenerlo,
contándome ya casi entre los muertos.
O bien, si al cielo asciende por natura,
a su elemento, y estoy convertido en fuego
¿cómo ocurrirá que consigo no me suba?

De 1532. El *fuego* que habrá de subir al poeta al cielo es, evidentemente, su pasión por Cavalieri.

Sì amico al freddo sasso è 'l foco interno
che, di quel tratto, se lo circumscrive,
che l'arda e spezzi, in qualche modo vive,
legando con sé gli altri in loco etterno.

E se 'n fornace dura, istate e verno
vince, e 'n più pregio che prima s'ascrive,
come purgata infra l'altre alte e dive
alma nel ciel tornase da l'inferno.

Così tratto di me, se mi dissolve
il foco, che m'è dentro occulto gioco,
arso e po' spento aver più vita posso.

Dunche, s'i' vivo, fatto fummo e polve,
etterno ben sarò, s'induro al foco;
da tale oro e non ferro son percosso.

Tan amigo a la fría piedra le es su fuego
que, si con un golpe, la circunscribe,
aunque la queme y despedace, aún vive
uniendo con ello otras para lugar duradero.
Y si resiste en la hornaza, vence al estío
o al invierno, y alcanza mayor valor que
antes, como purgada entre las altas y divinas
almas que al cielo volviese del infierno.
Librado de mí, si me disuelve el fuego,
que dentro me es como un juego oculto,
ardo y me apago y aún puedo vivir mucho.
Entonces, si vivo hecho humo y polvo,
eterno bien seré, si me endurezco al fuego;
y quien me golpea no es hierro sino oro.

Soneto de difícil datación e interpretación. Girardi —sin total convencimiento— lo supone hacia 1532. Guasti, sin embargo, lo fechaba entre 1542 y 1545.

Miguel Ángel se compara con una piedra que contiene fuego (parte de su materia misma, según una teoría medieval) y que resiste al fuego. Es un soneto que une lo material —lo inmediatamente denotativo— con lo metafísico, mezcla no infrecuente en la poesía miguelangelesca. Se ha pensado que el *oro* del verso final, que golpea, para templarla, el alma del poeta, podría ser una alusión a Cavalieri.

Forse perché d'altrui pietà mi vegna,
perché dell'altrui colpe più non rida,
nel propio valor, senz'altra guida,
caduta è l'alma che fu già sì degna.

Né so qual militar sott'altra insegna
non che da vincer, da campar più fida,
sie che 'l tumulto dell'avverse strida
non pèra, ove 'l poter tuo non sostegna.

O carne, o sangue, o legno, o doglia strema,
giusto per vo' si facci el mie peccato,
di ch'i' pur nacqui, e tal fu 'l padre mio.

Tu sol se' buon; la tuo pietà suprema
soccorra al mie preditto iniquo stato,
sì presso a morte a sì lontan da Dio.

XX (66)

Quizá para que de otros compasión me venga,
para que de ajenos golpes no me ría,
con mi propio valer, sin otra guía,
ha caído el alma que tan digna fuera.
No sé bajo qué otra enseña militar
no para vencer, para escapar segura,
si el tumulto de adversarios gritos
no me mata, o tu poder no me sostiene.
¡Oh carne, sangre, leño, oh dolor extremo,
haced justicia vosotros del pecado
en que nací, al igual que mi padre!
Sólo en ti hay bondad; tu piedad suprema
socorra mi antedicho inicuo estado,
tan cerca de la muerte, de Dios tan lejos.

Escrito entre 1532 y 1533. El manuscrito se halla en el dorso de una carta enviada por Figiovanni a Miguel Ángel en Roma, y fechada a 23 de noviembre de 1532.

Uno de los más bellos sonetos espirituales de Miguel Ángel. El primer verso debe interpretarse como *A fin de que nazca en mí piedad hacia los demás, hacia los otros*. Se dirige, obviamente, a Cristo.

I' l'ho, vostra mercè, per ricevuto
e hollo letto delle volte venti.
Tal pro vi facci alla natura i denti,
co' 'l cibo al corpo quand'egli è pasciuto.

I'ho pur, por ch'i' vi lasciai, saputo
che Cain fu de' vostri anticedenti,
né voi da quel tralignate altrimenti;
ché, s'altri ha ben, vel pare aver perduto.

Invidiosi, superbi, al ciel nimici,
la carità del prossimo v'è a noia,
e sol del vostro danno siete amici.

Se ben dice il Poeta, di Pistoia,
istieti a mente, e basta; e se tu dici
ben di Fiorenza, tu mi dai la soia.

Qual prezïosa gioia
è certo ma per te già non si intende,
perché poca virtù non la comprende.

Ya lo he, por cortesía vuestra, recibido
y lo he leído más de veinte veces.
Tanto ayudan a vuestro ser los dientes,
como el alimento a un cuerpo ya nutrido.
Con todo, desde que os dejé, he sabido
que a Caín contáis en los antecesores,
y en tal modo procedéis de su tronco,
que el bien de otro, vos lo habéis perdido.
Envidiosos, soberbios, del cielo enemigos,
la caridad del prójimo os fastidia,
y sólo de vuestro daño sois amigos.
Lo que dice el Poeta, de Pistoya,
tenedlo en mente, y basta; y si hablas
de Florencia bien, ya no me engañas.
        Que es joya preciosa
ciertamente, y no sé cómo lo entiendes,
pues que poca virtud no ha de gustarla.

Soneto con estrambote, anterior a 1534. Dirigido burlescamente a Giovanni de Pistoia (el mismo al que aludimos en la nota al soneto III de esta edición) en contestación a otro soneto que éste, muy probablemente, le habría dirigido, en tono jocoso, y quizá hablando de Florencia.

El *Poeta* es Dante, que, en el canto XXV (10-12) del *Infierno,* lanza una invectiva contra Pistoia. Sin embargo, el endecasílabo de Miguel Ángel contra los pistoyeses —*invidiosi, superbi, al ciel nimici*— recuerda el de Dante contra los florentinos *(Infierno,* XV, 68), *gente avara, invidiosa e superba.*

Se nel volto per gli occhi il cor si vede,
altro segno non ho più manifesto
della mie fiamma; addunche basti or questo,
signor mie caro a domandar mercede.

Forse lo spirto tuo, con maggior fede
ch'i' non credo, che sguarda il foco onesto
che m'arde, fie di me pietoso e presto,
come grazia c'abbonda a chi ben chiede.

O felice quel dì, se questo è certo!
Fermisi in un momento il tempo e l'ore,
il giorno e 'l sol nella su' anticia traccia;

acciò ch'i' abbi, e non già per mie merto,
il desïato mie dolce signore
per sempre nell'indegne e pronte braccia.

XXII (72)

Si en el rostro por los ojos el corazón se ve,
otro signo no habrá más evidente
de mi fuego; así es que baste ello,
mi señor querido, para pedir merced.
Quizá tu espíritu, con fe mayor
de la que espero, al ver la honesta llama
que me arde, presto se apiadará de mí,
pues la gracia abunda en quien la pide bien.
¡Feliz jornada tal, si ello fuera cierto!
Deténganse un momento tiempo y hora,
el sol y el día en su carrera antigua;
así yo tenga, y no por mi mérito,
al deseado y dulce señor mío
siempre entre mis brazos, prontos e indignos.

De 1533. Dedicado a Cavalieri, y varias veces reelaborado por Miguel Ángel,
en folios distintos.

Non so se s'è la desïata luce
del suo primo fattor, che l'alma sente,
o se dalla memoria della gente
alcun'altra beltà nel cor traluce;

  o se fama o se sogno alcun produce
agli occhi manifesto, al cor presente,
di sé lasciando un non so che cocente
ch'è forse or quel c'a pianger mi conduce.

  Quel ch'i' sento e ch'i' cerco e chimi guidi
meco non è; né so ben veder dove
trovar mel possa, e par c'altri mel mostri.

  Questo, signor, m'avvien, po' ch'i' vi vidi,
c'un dolce amaro, un sì e no mi muove:
certo saranno stati gli occhi vostri.

No sé si es la deseada luz
de su primer autor, que el alma siente,
o si entre la memoria de la gente
alguna otra beldad brilla en el corazón;
o si fama o algún sueño lo produce
manifiesto a los ojos, al corazón presente,
de sí dejando un no sé qué ardiente
que quizá es lo que me lleve a llorar.
Lo que siento, lo que busco y me guía
en mí no está; ni bien sé mirar donde
encontrarlo pueda, aunque alguien me quiera mostrar.
Esto, señor, me ocurre tras de verte,
un dulce amargo, un sí y no me mueve:
Y no dudo que de tus ojos vendrá.

Escrito en el verano de 1533. Reelaborado en varios folios, y con variantes.
Se supone dirigido a Cavalieri (en cuyo clima se halla), aunque una de las
variantes, en el primer verso del segundo terceto, en lugar de leer *signor*
—señor— diga *donna* —señora.

Se 'l foco fusse alla belleza equale
degli occhi vostri, che da que' si parte,
non avrie 'l mondo sì gelata parte
che non ardessi com'acceso strale.

Ma 'l ciel, pietoso d'ogni nostro male,
a noi d'ogni beltà, che 'n voi comparte,
la visiva virtù toglie e diparte
per tranquillar la vita aspr'e mortale.

Non è par dunche il foco alla beltate,
ché sol di quel s'infiamma e s'innamora
altri del bel del ciel, ch'è da lui inteso.

Così n'avvien, signore, in questa etate;
se non vi par per voi ch'i arda e mora,
poca capacità m'ha poco acceso.

XXIV (77)

Si fuese el fuego igual a la belleza
de vuestros ojos, que de ellos sale,
no habría en el mundo región tan helada
que no ardiese cual dardo encendido.
Mas el cielo, piadoso a nuestros males,
de toda la beldad que en vos comparte,
la visiva virtud cela y divide
por la vida aquietar mortal y áspera.
No es pues igual el fuego a la belleza,
ya que se enllama y enamora sólo
de lo bello celeste que él conozca.
Y así ocurre, señor, en la edad mía:
si no veis que por vos ardo y muero,
es que mi poca fuerza poco inflama.

Escrito entre junio y octubre de 1533, al dorso de un fragmento de carta de Miguel Ángel a Sebastiano del Piombo, y referido, muy probablemente, a Cavalieri.

Dal dolce pianto al doloroso riso,
da una etterna a una corta pace
caduto son: là dove 'l ver si tace,
soprasta 'l senso a quel da lui diviso.

Né so se dal mie core o dal tuo viso
la colpa vien del mal, che men dispiace
quante più cresce, o dall'ardente face
de gli occhi tuo rubati al paradiso.

La tuo beltà non è cosa mortale,
me fatta su dal ciel fra noi divina;
ond'io perdendo ardendo mi conforto.

c'appresso a te non esser posso tale.
Se l'arme il ciel del mie morir destina,
chi può, s'i' muoio, dir c'abbiate il torto?

Del dulce llanto al reír doloroso,
de una eterna a una paz muy corta
he caído: pues donde verdad calla,
el sentido domina sobre quien de ella huido.
No sé si de mi corazón o de tu rostro
viene del mal la culpa, que desagrada menos
mientras crece, o de la antorcha ardiente
de esos ojos tuyos robados al paraíso.
No es tu belleza una cosa mortal,
sino en el cielo hecha y aquí divina;
en la que yo al perder ardo y me conforto,
pues junto a ti no ha de ser de otro modo.
Si esas armas el cielo a mi morir destina,
¿quién, si muero, culpable te diría?

Escrito alrededor de 1533. Frey pensaba el soneto escrito para una mujer,
tras la muerte de Vittoria Colonna. Girardi, por la caligrafía y el tono, lo ade-
lanta varios años, situándolo entre los dedicados a Cavalieri.

Felice spirto, che con zelo ardente,
vecchio alla morte, in vita il mio cor tieni,
e fra mill'altri tuo diletti e beni
me sol saluti fra più nobil gente;

come mi fusti agli occhi, or alla mente,
per l'altru' fiate a consolar mi vieni,
onde la speme il duol par che raffreni,
che non men che 'l disio l'anima sente.

Dunche, trovando in te chi per me parla
grazia di te per me fra tante cure,
tal grazia ne ringrazia chi ti scrive.

Che sconcia e grande usur saria a farla,
donandoti turpissime pitture
per rïaver persone belle e vive.

XXVI (79)

Feliz espíritu, que con ardiente celo,
viejo de muerte, al corazón das vida,
y entre otros mil deleites y bondades
me saludas a mí entre gente más noble;
como a mis ojos fuiste, y a la mente ahora,
a consolarme vienes en lugar de otros,
y la esperanza pone freno al daño
que siente el alma no menos que el deseo.
Así es que, hallando en ti quien por mi habla
gracia de ti por mi entre cuidados tantos,
tal gracia te agradece quien te escribe.
Que grande y sucia usura al fin sería,
regalarte torpísimas pinturas
a cambio de persona viva y hermosa.

Escrito alrededor de 1533. Guasti y Frey lo pensaban dedicado —años más tarde— a Vittoria Colonna. Girardi, por idéntica razón que el anterior, lo coloca acertadamente entre los inspirados por Cavalieri.

El *Felice spirto* del comienzo es evidentemente el del muchacho. Bartolomeo Angiolini hacía de enlace entre Miguel Angel y Tommaso en los primeros tiempos de la amistad (cfr. primer terceto). Y sabemos, además, que Miguel Ángel regaló a Cavalieri varios dibujos de tema mitológico (cfr. segundo terceto).

I' mi credetti, il primo giorno ch'io
mira' tante bellezze uniche e sole,
fermar gli occhia com'aquila nel sole
nella minor di tante ch'i' desio.

Po' conosciut'ho il fallo e l'erro mio:
ché chi senz'ale un angel seguir vole,
il seme a sassi, al vento le parole
indarno isparge, e l'intelletto a Dio.

Dunche, s'appresso il cor non mi sopporta
l'infinita beltà che gli occhi abbaglia,
né di lontan par m'assicuri o fidi,

che fie di me? qual guida o qual scorta
fie che con teco ma' mi giovi o vaglia,
s'appresso m'ardi e nel partir m'uccidi?

XXVII (80)

Hubiera creído, el primer día que
miré tanta belleza única y sola,
detener los ojos como águila al sol
en la menor de las tantas que anhelo.
Conocí después mi caída y mi error:
quien sin alas quiere a un ángel seguir,
siembra en piedras, esparce al viento
las palabras y con el intelecto busca a Dios.
Así es que, si cerca no soporta el corazón
la infinita beldad que deslumbra los ojos,
ni lejos me da calma o confianza,
¿qué haré?, ¿qué guía o escolta
podrá contigo valerme o ayudarme;
si al acercarme ardo y al partir me matas?

Escrito alrededor de 1533. Para Cavalieri.

Non posso altra figura immaginarmi
o di nud'ombra o di terrestre spoglia,
col più alto pensier, tal che me mie voglia
contra la tuo beltà di quella s'armi.

Ché da te mosso, tanto scrender parmi,
c'Amor d'ogni valor mi priva e spoglia,
ond'a pensar di minuir mie doglia
duplicando, la morte viene a darmi.

Però non val che più sproni mie fuga,
doppiando 'l corso alla beltà nemica,
ché 'l men dal più veloce non si scosta.

Amor con le sue man gli occhi m'asciuga,
promettendomi cara ogni fatica;
ché vile esser non può chi tanto costa.

XXVIII (82)

No puedo otra figura imaginarme,
sombra desnuda o terrenal despojo,
con alto pensamiento, tal que mi deseo
contra tu beldad de ella se arme.
Pues yéndome de ti, desciendo tanto,
que Amor de su valor me priva y despoja,
y al pensar disminuir mi daño
lo duplica, y viene la muerte a darme.
No vale así espolear mi huida,
doblando el paso a la beldad enemiga,
que el menos del más veloz no se distancia.
Amor con sus manos me seca los ojos,
dulce prometiéndome toda fatiga;
pues vil no puede ser si cuesta tanto.

Escrito alrededor de 1534. Para Cavalieri.

Veggio nel tuo bel viso, signor mio,
quel che narrar mal puossi in questa vita:
l'anima, della carne ancor vestita,
con esso è già più volte ascesa a Dio.

E se 'l vulgo malvagio, isciocco e rio,
di quel che sente, altrui segna e addita,
non è l'intensa voglia men gradita,
l'amor, la fede e l'onesto desio.

A quel pietoso fonte, onde siàn tutti,
s'assembra ogni beltà che qua si vede
più c'altra cosa alle persone acorte;

né altro saggio abbiàn né altri frutti
del cielo in terra; e chi v'ama con fede
trascende a Dio e fa dolce la morte.

Veo en tu hermoso rostro, mi señor,
algo que mal se cuenta en esta vida:
el alma, de la carne aún vestida,
ha ascendido por él muchas veces a Dios.
Y si el vulgo malvado, culpable y necio,
lo que siente, en los otros lo mira,
no me es mi intenso afán menos placiente
que el amor, la fe y este honesto deseo.
A la fuente piadosa de la que todos surgen,
se asemeja toda beldad que aquí se ve
más que otra cosa, al entender agudo;
ni otro ejemplo tenemos ni otros frutos
del cielo en esta tierra; así, quien con fe os ama
a Dios asciende y morir le es dulce.

Escrito hacia 1534. Es uno de los sonetos más conocidos, en la corriente neoplatónica, para Cavalieri.

El *pietoso fonte* —la piadosa fuente— de la que todos surgen, es, obviamente, Dios.

Sì come nella penna e nell'inchiostro
è l'alto e 'l basso e 'l mediocre stile,
e ne' marmi l'immagin rica e vile,
secondo che 'l sa trar l'ingegno nostro;

 così, signor mie car, nel petto vostro,
quante l'orgoglio è forse ogni atto umile;
ma io sol quel c'a me propio è simile
ne traggo, come fuor nel viso mostro.

 Chi semina sospir, lacrime e doglie,
(l'umor dal ciel terrestre, schietto e solo,
a vari semi vario si converte),

 però pianto e dolor ne miete e coglie;
chi mira alta beltà con sì gran duolo,
ne ritra' doglie e pene acerbe e certe.

XXX (84)

Así como en la pluma y en la tinta
vive el alto, el bajo y el mediocre estilo,
y en los mármoles la imagen vil o rica,
según tratarlos sepa nuestro ingenio;
igual, querido señor mío, en vuestro pecho
hay tanto orgullo como acto humilde;
mas yo sólo lo que a mí es parecido
saco, cual mi rostro bien enseña.
Quien siembra suspiros, lágrimas y duelo,
(el humor del terrestre cielo, puro y solo,
en varias semillas se convierte en vario),
sólo llanto y dolor obtendrá en siega;
quien mira alta beldad con daño tanto,
sacará duelo y pena acerbo y cierta.

Escrito alrededor de 1534, para Cavalieri.
El sentido del primer terceto y el subsiguiente verso, es el que sigue: *Así como el líquido terrestre —la lluvia— descendido puro del cielo, se hace diverso, en la savia, según las varias semillas que alimente, así quien siembra suspiros, lágrimas y penas sólo puede recoger llanto y dolor.*

Vorrei voler, Signor, quel ch'io non voglio:
tra 'l foco e 'l cor di ghiaccia un vel s'asconde
che 'l foco ammorza, onde non corrisponde
la penna all'opre, e fa bugiardo 'l foglio.

I' t'amo con la lingua, e poi mi doglio
c'amor non giunge al cor; né so ben onde
apra l'uscio alla grazia che s'infonde
nel cor, che scacci ogni spietato orgoglio.

Squarcia 'l vel tu, Signor, rompi quel muro
che con la suo durezza ne ritarda
il sol della tuo luce, al mondo spenta!

Manda 'l preditto lume a noi venturo,
alla tuo bella sposa, acciò ch'io arda
il cor senz'alcun dubbio, e te sol senta.

Quiero querer, Señor, lo que no quiero:
entre fuego y corazón existe un velo helado
que anula el fuego, por lo que no corresponde
pluma y obra, y es mentiroso el folio.
Te amo con la lengua, y me duelo después
de que tu amor no alcance al corazón; no sé dónde
abrir el postigo a la gracia que al corazón
se infunde, para que expulse tan despiadado orgullo.
¡Rasga el velo tú, Señor, rompe ese muro
que con su dureza me retarda
el sol de tu luz, apagada en el mundo!
Manda la anunciada luz que prometiste,
a esta tu bella esposa, para que me arda
el corazón sin duda alguna, y sólo a ti te note.

Escrito hacia 1534. Soneto religioso que, por la temática, varios editores consideraron de hacia los últimos escritos por el autor. Girardi, basándose en la caligrafía, lo fecha y sitúa entre los de la época de Cavalieri.
   La tua bella sposa —esta tu bella esposa— alude al alma.

Sento d'un foco un freddo aspetto acceso
che lontan m'arde e sé con seco agghiaccia;
puovo una forza in due leggiadre braccia
che muove senza moto ogni altro peso.

Unico spirto e da me solo inteso,
che non ha morte e morte altrui procaccia,
veggio e truovo chi, sciolto, 'l cor m'allaccia
e da chi giova sol mi sento offeso.

Com'esser può, signor, che d'un bel volto
ne porti 'l mio così contrari effetti,
se mal può chi non gli ha donar altrui?

Onde al mio viver lieto, che m'ha tolto,
fa forse come 'l sol, se nol permetti,
che scalda 'l mondo e non è caldo lui.

XXXII (88)

Siento de un fuego un frío rostro encendido
que de lejos me arde aunque en sí esté helado;
pruebo una fuerza en dos brazos ligeros
que mueve sin moverse cualquier otro peso.
Espíritu único que sólo yo entiendo,
que no tiene muerte y la procura en otros,
veo y hallo a quien, suelto, el corazón enlaza,
y de quien sólo, su ayuda me es ofensa.
¿Cómo puede ser, señor, que un rostro hermoso
al mío lleve efectos tan contrarios
si quien no tiene no puede dar a otros?
De donde a mi vivir feliz, que me has quitado,
como el sol harás quizá, si lo permites,
que calienta al mundo sin él tener calor.

Escrito alrededor de 1534. En el folio del manuscrito se hallan unos cuantos
perfiles de arquitectura. Dirigido a Cavalieri.

Veggio co' be' vostr'occhi un dolce lume
che co' mie ciechi già veder non posso;
porto co' vostri piedi un pondo addosso,
che de' mie zoppi non è già costume.

Volo con le vostr'al senza piume;
col vostro ingegno al ciel sempre con mosso;
dal vostro arbitrio son pallido e rosso,
freddo al sol, caldo alle più fredde brume.

Nel voler vostro è sol la voglia mia,
i miei pensier nel vostro cor si fanno,
nel vostro fiato son le mie parole.

Come luna da sé sol par ch'io sia,
ché gli occhi nostri in ciel veder non sanno
se non quel tanto che n'accende il sole.

XXXIII (89)

Con vuestros ojos bellos veo una dulce luz
que con los míos ciegos ver no puedo;
llevo con vuestros pies un peso encima,
que con los míos cojos no podría.
Vuelo con vuestras alas yo sin plumas;
con vuestro ingenio al cielo siempre aspiro;
por vuestro arbitrio estoy pálido o rojo,
frío al sol o caliente entre las brumas.
Sólo en vuestro querer habita el mío,
en vuestro corazón mis pensamientos se hacen,
y en vuestro aliento mis palabras moran.
Como una luna sólo me parece ser,
que nuestros ojos en el cielo ver no saben
sino aquello sólo que el sol ilumina.

Escrito alrededor de 1534. Para Cavalieri.

I' mi son caro assai più ch'i' non soglio;
poi ch'i' t'ebbi nel cor più di me vaglio,
come pietra c'aggiuntovi l'intaglio
é di più pregio che 'l suo primo scoglio.

O come scritta o pinta carta o foglio
più si riguarda d'ogni straccio o taglio,
tal di me fo, da po' ch'i' fu' berzaglio
segnato dal tuo viso, e non mi doglio.

Sicur con tale stampa in ogni loco
vo, come quel c'ha incanti o arme seco,
c'ogni periglio gli fan venir meno.

I' vaglio contr'a l'acqua e contr'al foco,
col segno tuo rallumino ogni cieco,
e col mie sputo sano ogni veleno.

Más querido me soy que nunca he sido;
desde que en mi corazón estás muy más yo valgo,
como piedra que después de ser tallada
de más precio es que en su primer escollo.
O como escrito o pintado papel o folio
que más se mira que un pedazo o trozo,
tal en mí ocurre, desde que fui el blanco
señalado por tu rostro, de lo que no me daño.
Seguro con esa marca en todo sitio
estoy, como quien lleva armas o talismanes,
que cualquier peligro hacen venir a poco.
Fuerte soy contra el agua y contra el fuego,
con tu señal reilumino al invidente,
y con mi esputo sano los venenos.

Escrito hacia 1534. Editores antiguos lo suponían dirigido a Vittoria Colonna, y consiguientemente posterior en fecha. Frey —y con mayor precisión Girardi— lo sitúan entre los destinados a Cavalieri.

D'altrui pietoso e sol di sé spietato
nasce un vil bruto, che con pena e doglia
l'altrui man veste e la suo scorza spoglia
e sol per morte si può dir ben nato.

Così volesse al mie signor mie fato
vestir suo viva di mie morta spoglia,
che, come serpe al sasso si discoglia,
pur per morte potria cangiar mie stato.

O fussi sol la mie l'irsuta pelle
che, del suo pel contesta, fa tal gonna
che con ventura stringe sì bel seno,

ch'i' l'are' pure il giorno; o le pianelle
che fanno a quel di lor basa e colonna,
ch'i' pur ne porterei duo nevi almeno.

XXXV (94)

Apiadada de otros y despiadada consigo
nace la vil oruga, que con daño y pena
a los otros viste de su cáscara despojándose
y sólo para la muerte parece haber nacido.
Así podría a mi señor yo hacer
su piel vestir con mis despojos muertos,
que, cual sierpe se muda entre las rocas,
incluso por muerte de estado cambiaría.
Ojalá fuese sólo mi piel hirsuta
la que, a su pelo tejida, tal saya hiciese
que con ventura estrechase seno tan bello,
y hasta de día estaría conmigo; o las zapatillas
que le hacen de basa y de columna,
con lo que al menos le llevaría dos inviernos.

Escrito en 1535. Probablemente para Cavalieri. El manuscrito es el revés de
una carta de Pierantonio, familiar del Cardenal Ridolfi, a Miguel Ángel en
Roma, no fechada, pero seguramente de la primavera de 1535.

A partir del segundo cuarteto pensamos inmediatamente en la piel de San
Bartolomé, que, en el *Juicio Final* de la Capilla Sixtina, forma un manierista y de-
formado autorretrato de Miguel Ángel. El fresco, encargado por el Papa Pau-
lo III al pintor, se inició precisamente en la primavera de 1535.

Rendete agli occhi mei, o fonte o fiume,
l'onde della non vostra e salda vena,
che più innalza a cresce, e con più lena
che non è 'l vostro natural costume.

E tu, folt'aïr, che 'l celeste lume
tempri a' trist'occhi, de' sospir mie piena,
rendigli al cor mie lasso e rasserena
tua scura faccia al mie visivo acume.

Renda la terra i passi alle mie piante,
c'ancor l'erba germugli che gli è tolta,
e'l suono eco, già sorda a' mie lamenti,

gli sguardi agli occhi mie tuo luce sante,
ch'i' possa altra bellezza un'altra volta
amar, po' che di me non ti contenti.

Devolved a mis ojos, fuente y río,
las ondas de vuestra no continua vena,
que más os agrandan y acrecen, con vigor
que no está en vuestra costumbre.
Y tú, aire denso, que la celeste luz
templas a mis tristes ojos, lleno de suspiros,
devuélvelos a mi cansado corazón y serena
a mi mirar tu rostro oscuro.
Vuelva la tierra los pasos a mis plantas,
y brote aún la hierba que le fue arrancada,
y el sonar del eco, a mis lamentos sordo;
las miradas a mis ojos de tus luces santas,
para que pueda a otra belleza amar
otra vez, ya que a mí me rechazas.

Escrito entre 1534 y 1538. Dirigido a Cavalieri. *Luce sante* son los ojos del
amado, por ello *santas;* dignas de devoción.

Al cor di zolfo, a la carne di stoppa,
a l'ossa che di secco legno sièno;
a l'alma senza guida e senza freno
al desir pronto, a la vaghezza troppa;

a la cieca ragion debile e zoppa
al vischio, a'lacci di che 'l mondo è pieno;
non è gran maraviglia, in un baleno
arder nel primo foco che s'intoppa.

A la bell'arte che, se dal ciel seco
ciascun la porta, vince la natura,
quantunche sé ben prema in ogni loco;

s'i' nacqui a quella né sordo né cieco,
proporzionato a chi 'l cor m'arde e fura,
colpa è di chi m'ha destinato al foco.

De azufre el corazón, la carne de estopa,
con los huesos íntimamente leño;
con el alma sin guía y sin freno
pronta al deseo y a la mucha belleza;
con la ciega razón débil y coja
en las trampas y lazos de que el mundo es lleno;
no será maravilla en un relámpago
arder al primer fuego que se choca.
Al arte hermosa, que cada uno trae
del cielo consigo, y vence a la naturaleza,
si bien imprime en cada lugar su sello;
si a aquélla no nací sordo ni ciego,
proporcionado a quien el corazón me arde y roba,
culpa será del que me destinase al fuego.

Escrito entre 1534 y 1538. Para Cavalieri.
Quien el corazón me arde y roba, puede entenderse la persona amada, o el arte mismo.

A che più debb'i' omai l'intensa voglia
sfogar con pianti o con parole meste,
se di tal sorte 'l ciel, che l'alma veste,
tard' o per tempo alcun mai non ne spoglia?

A che 'l cor lass' a più languir m'invoglia,
s'altri pur dee morir? Dunche per queste
luci l'ore del fin fian men moleste;
c'ogni altro ben val men c'ogni mia doglia.

Però se 'l colpo ch'io ne rub' e 'nvolo
schifar non posso, almen, s'è destinato,
chi entrerà 'nfra la dolcezza e 'l duolo?

Se vint' e preso i' debb'esser beato,
maraviglia non è se nudo e solo
resto prigion d'un cavalier armato.

¿Porqué debo aún mi intenso deseo
desfogar con llantos o palabras tristes,
si de suerte tal el cielo, que cubre el alma,
ni pronto ni tarde nos libera nunca?
¿Por qué el cansado corazón a más penar me incita,
si morirá, con todo? Aunque para estas luces
la hora del fin hará menos molesta;
pues otro cualquier bien no vale mi tristeza.
Por ello si el golpe que arrebato y robo
esquivar no puedo, que es ese mi destino,
¿quién quedará entre dulzura y duelo?
Si preso y vencido debo ser dichoso,
maravilla no es que sólo y desnudo
de un caballero armado en la prisión me vea.

Escrito entre 1534 y 1538. En el verso final hay una evidente *señal* de Cavalieri: *Resto prigion d'un cavalier armato.* Caballero armado con las armas del amor.

Es una de sus *Lezione* (1549) Bendetto Varchi cita este soneto como uno de los dedicados a Cavalieri. Y dice: *Dirigido al señor Tommaso Cavalieri, joven romano nobilísimo, del que ya en Roma conocí (además de la incomparable belleza del cuerpo) su elegancia de costumbres, excelente ingenio y gentil manera, por los que bien mereció, y aún merece, que más se le amase cuanto mejor se le conocía.*

Cautivo despertándose.

Pietà Rondanini.

Ben mi dove' con sì felice sorte,
mentre che febo il poggio tutto ardea,
levar da terra, allor quand'io potea,
con le suo penne, e far dolce la morte.

Or m'è sparito; e se 'l fuggir men forte
de' giorni lieti invan mi promettea,
ragione è ben c'all'alma ingrata e rea
pietà le mani e 'l ciel chiugga le porte.

Le penne mi furn'ale e 'l poggio scale,
Febo lucerna a' piè; né m'era allora
men salute il morir che maraviglia.

Morendo or senza, al ciel l'alma non sale,
né di lor la memoria il cor ristora:
ché tardi e doppo il danno, chi consiglia?

Bien hubiera debido, con tan feliz suerte,
mientras que Febo la colina entera ardía,
izarme de la tierra, entonces que podía,
con sus plumas, y hacer dulce la muerte.
Ahora me ha desaparecido; y si el huir más leve
de los días alegres en vano prometía,
es buena razón que al alma ingrata y rea
cierre piedad las manos y el cielo las puertas.
Las plumas alas fueron y escalas la colina,
Febo candil al pie; no me era entonces
menor salvación morir que maravilla.
Pero muriendo o no, no sube al cielo el alma
ni aquella memoria repara al corazón:
pues tras del daño y tarde ¿quién ayuda?

Escrito hacia 1535. Evidentemente, está inspirado por la muerte (o ruptura) de Febo di Poggio, uno de los muchachos —éste especialmente descarriado— a los que Miguel Ángel amó.

Poggio vale por montículo o colina. El segundo endecasílabo es, pues, meridiano: *mentre che Febo il poggio tutto ardea.*

Algunos comentaristas, con obvio absurdo, llegaron a decir que se trataba de un soneto de contenido político, y que *Febo* era una alusión simbólica a Florencia.

Perché Febo non torce e non distende
d'intorn' a questo globo freddo e molle
le braccia sua lucenti, el vulgo volle
notte chiamar quel sol che non comprende.

E tant'è debol, che s'alcun accende.
un picciol torchio, in quella parte tolle
la vita dalla notte, e tant'è folle
che l'esca col fucil la squarcia e fende.

E s'egli è pur che qualche cosa sia,
cert'è figlia del sol e della terra;
ché l'un tien l'ombra, e l'altro sol la cria.

Ma sia che vuol, che pur chi la loda erra,
vedova, scura, in tanta gelosia,
c'una lucciola sol gli può far guerra.

Pues que Febo no colma ni envuelve
entero a este húmedo y frío globo
con sus brazos lucientes, quiere el vulgo
llamar noche a ese sol que no entiende.
Pero es tan débil, que si alguno enciende
una mínima antorcha, en ese momento arranca
la vida de la noche, y es tan ligera
que yesca y eslabón la desgarran y hienden.
Mas si alguna cosa es la noche,
cierto es hija del sol y de la tierra;
del uno tiene sombra y la otra la genera.
Pero de un modo u otro desbarra quien la loa,
viuda, oscura y con envidias tantas
que hasta una luciérnaga le puede hacer guerra.

Escrito entre 1535 y 1541. Forma parte de un grupo de sonetos a la Noche
—éste y los tres siguientes— coetáneos de la realización del *Juicio Final* de la Capilla Sixtina, y que el artista envió a Cavalieri.

La Noche es tema frecuente en la poesía miguelangelesca. Recuérdese asimismo la célebre y bella estatua así llamada en la Capilla Médicis de Florencia, y la
rima (de contenido político) relacionada con ella —*Caro m'è'l sonno, e più l'esser di
sasso*— que traduzco:

> Grato es el sueño y más el ser de piedra,
> mientras que el daño y la vergüenza duran;
> no ver, no sentir me es gran ventura;
> no me despiertes, no, habla más bajo.

O notte, o dolce tempo, benché nero,
con pace ogn' opra sempr' al fin assalta;
ben vede e ben intende chi t'esalta,
e chi t'onor' ha'intelletto intero.

Tu mozzi e tronchi ogni stanco pensiero
che l'umid' ombra e ogni quiet' appalta,
e dall'infima parte alla più alta
in sogno spesso porti, ov'ire spero.

O ombra del morir, per cui si ferma
ogni miseria a l'alma, al cor nemica,
ultimo delli afflitti e buon rimedio;

tu rendi sana nostra carn' inferma,
rasciughi i pianti e posi ogni fatica,
e furi a chi ben vive ogn'ira e tedio.

Oh noche, tiempo dulce, aunque sea negro,
con paz toda labor al fin terminas;
ve bien y entiende bien el que te exalta,
y quien te honra es íntegro de inteligencia.
Cortas y tronchas cansados pensamientos
que húmeda sombra y quietud ocupan,
y de la ínfima región a la más alta
llevas en sueño, ahí donde ir espero.
Oh sombra del morir, por quien se aquieta
toda miseria, del alma la enemiga,
de las penas último y buen remedio;
tú vuelves sana nuestra carne enferma,
llantos enjugas y calmas la fatiga,
y robas al que vive en bien ira y tedio.

Escrito entre 1535 y 1541. Cuenta entre los más conocidos sonetos de Miguel Ángel.

Ogni van chiuso, ogni coperto loco,
quantunche ogni materia circumscrive,
serba la notte, quando il giorno vive,
contro al solar suo luminoso gioco.

E s'ella è vinta pur da fiamma o foco,
da lei dal sol son discacciate e prive
con più vil cosa ancor sue specie dive,
tal c'ogni verme assai ne rompe o poco.

Quel che resta scoperto al sol, che ferve
per mille vari semi e mille piante,
il fier bifolco con l'aratro assale;

ma l'ombra sol a piantar l'uomo serve.
Dunche, le notti più ch'e' di son sante,
quanto l'uom più d'ogni altro frutto vale.

Todo espacio cerrado, todo lugar cubierto,
todo cuanto alguna materia circunscribe,
guarda la noche, cuando el día vive,
contra el solar y luminoso rayo.
Aunque a ella la venzan llama o fuego,
e incluso más que el sol la expulsen y priven
viles cosas de su divina especie,
que hasta un gusano puede romperla un poco.
Lo que queda descubierto al sol, hirviendo
en mil varias semillas y mil plantas,
quiebra el rudo labriego con su arado;
pero sólo en la sombra se planta al hombre.
Así es que noche es más santa que día,
cuanto el hombre más que otro fruto vale.

Escrito entre 1535 y 1541.
    Sólo en la sombra se planta al hombre *(ma l'ombra sol a piantar l'uomo serve)*
debe entenderse como que el hombre madura en la meditación nocturna.

Colui che fece, e non di cosa alcuna,
il tempo, che non era anzi a nessuno,
ne fe' d'un due e diè 'l sol alto all'uno,
all'altro assai più presso diè la luna.

Onde 'l caso, la sorte e la fortuna
in un momento nacquer di ciascuno;
e a me consegnaro il tempo bruno,
come a simil nel parto e nella cuna.

E come quel che contrafà se stesso,
quando è ben notte, più buio esser suole,
ond'io di far ben mal m'affliggo e lagno.

Pur mi consola assai l'esser concesso
far giorno chiar mia oscura notte al sole
che a voi fu dato al nascer per compagno.

XLIII (104)

Quien hizo, y no de cosa alguna,
el tiempo, que no estaba antes que ninguno,
hizo con él dos partes y al alto sol dio una,
y otra, mucho más cercana, dio a la luna.
De donde el caso, la suerte y la fortuna
en tal momento de cada cual nacieron;
a mí me consignaron el tiempo oscuro
al que me asemejo desde parto y cuna.
Y como quien se contraría a sí mismo,
cuanto más noche es, y hay más negrura,
más me adentro en el mal, daño y aflijo.
Mas me consuela que aún me sea concedido
hacer claro día de mi noche al sol
que os fue dado al nacer por compañero.

Escrito entre 1535 y 1541.
El *voi* (os) del verso final debe aludir a Cavalieri.

Non vider gli occhi miei cosa mortale
allor che ne' bei vostri intera pace
trovai, ma dentro, ov'ogni mal dispiace,
chi d'amor l'alma a sé simil m'assale;

e se creata a Dio non fusse equale,
altro che 'l bel di fuor, c'agli occhi piace,
più non vorria; ma perch'è sì fallace,
trascende nella forma universale.

io disco c'a chi vive quel che muore
quetar non può disir; né par s'aspetti
l'eterno al tempo, ove altri cangia il pelo.

Voglia sfrenata el senso è, non amore,
che 'lma uccide; e 'l nostro fa perfetti
gli amici qui, ma più per morte in cielo.

No vieron mis ojos cosa mortal
cuando en los vuestros hermosos entera paz
hallé, pues dentro, donde todo mal disgusta,
surgió quien de amor al alma a sí hace igual;
y si creada como Dios no fuera similar,
otro que el bello exterior, grato a los ojos,
no querría; mas pues caduco es,
trasciende hacia la forma universal.
Digo yo que lo que vive en lo que muere
el deseo no puede saciar; ni parece incumbir
lo eterno al tiempo, si se nos muda el pelo.
Desenfrenado deseo es el sentido, no amor,
y al alma mata; al nuestro la amistad hace
perfecto aquí, y más, tras morir, será en el cielo.

Escrito entre 1535 y 1541. Para Cavalieri.
Soneto neoplatonizante, conceptualmente apretado, y en sintaxis no menos
retorcida. Como sabemos, no es infrecuente en la poesía de Miguel Ángel.

Per ritornar là donde venne fora,
l'inmmortal forma al tuo carcer terreno
venne com'angel di pietà sì pieno,
che sana ogn'intelletto e'l mondo onora.

Questo sol m'arde e questo m'innamora,
non pur di fuora il tuo volto sereno:
c'amor non già di cosa che vien meno
tien ferma speme, in cui virtù dimora.

Né altro avvien di cose altere e nuove
in cui si preme la natura, e'l cielo
è c'a' lor parti largo s'apparecchia;

né Dio, suo grazia, mi si mostra altrove
più che 'n alcun leggiadro e mortal velo;
e quel sol amo perch'in lui si specchia.

Para retornar allí de donde vino,
la inmortal forma a tu dogal terreno
viene como ángel de piedad tan lleno
que intelecto sana y al mundo honra.
Ese sol me arde y ése me enamora,
y no sólo tu externo rostro bello:
que amor no en las cosas que amenguan
tiene esperanza si en él la virtud mora.
No otro ocurre con lo alto y nuevo
en que naturaleza da su sello, y que
al cielo desde su origen se empareja;
ni Dios, por su gracia, se muestra de otro modo
que en algún hermoso y mortal velo;
y lo amo a él porque en él se espeja.

Escrito entre 1536 y 1546. Frey lo suponía para Vittoria Colonna. Más acertadamente —y basándose en una carta acompañatoria—. Girardi lo piensa para Cavalieri.

La *inmortal forma* es el alma, y el *dogal terreno* —*carcer terreno*— el cuerpo.

Non men gran grazia, donna, che gran doglia
ancide alcun, che 'l furto a morte mena,
privo di speme e ghiacciato ogni vena,
se vien subito scampo che 'l discioglia.

Simil se tuo mercé, più che ma' soglia,
nella miseria mie d'affanni piena,
con superchia pietà mi rasserena,
par, più che 'l pianger, la vita mi toglia.

Così n'avvien di novell'aspra o dolce:
ne'lor contrari è morte in un momento,
onde s' allarga o troppo stringe 'l core.

Tal tuo beltà, c'Amore e 'l ciel qui folce,
se mi vuol vivo affreni il gran contento,
c'al don superchio debil virtù muore.

No menos gracia grande, señora, que pesar
matan al que por hurto a morir llevan,
privado de esperanza, heladas las venas,
si llega de repente la nota salvadora.
Igual si tu merced, aún más que suele,
en la miseria mía de cuidados llena,
con soberbia piedad tanto me aquieta,
que más la vida me quita que la pena.
Sucede así con dura noticia o dulce:
que sus contrarios dan muerte en un momento,
pues mucho amplía el corazón o aprieta.
Tal tu beldad, que Amor y cielo aquí sostienen,
si vivo me quiere, refrene el contento,
que en don soberbio débil virtud muere.

Escrito hacia 1541-1544. Para Vittoria Colonna.

Non ha l'ottimo artista alcun concetto
c'un marmo solo in sé non circonscriva
col suo superchio, e solo a quello arriva
la man che ubbidisce all'intelletto.

Il mal ch'io fuggo, e 'l ben ch'io mi prometto,
in te, donna leggiadra, altera e diva,
tal si nasconde; e perch'io più non viva,
contraria ho l'arte al disïato effetto.

Amor dunque non ha, né tua beltate
o durezza o fortuna o gran disdegno
del mio mal colpa, o mio destino o sorte;

se dentro del tuo cor morte e pietate
porti in un tempo, e che 'l mio basso ingegno
non sappia, ardendo, trarne altro che morte.

XLVII (151)

No tiene el gran artista ni un concepto
que un mármol sólo en sí no circunscriba
en su exceso, mas solo a tal arriba
la mano que obedece al intelecto.
El mal que huyo y el bien que me prometo,
en ti, señora hermosa, divina, altiva,
igual se esconde; y por que más no viva,
contrario tengo el arte al deseado efecto.
No tiene, pues, Amor ni tu belleza
o dureza o fortuna o gran desvío
la culpa de mi mal, destino o suerte;
si en tu corazón muerte y piedad
llevas al tiempo, el bajo ingenio mío
no sabe, ardiendo, sino sacar de ahí muerte.

Escrito entre 1 541 y 1544. Para Vittoria Colonna.
Es uno de los sonetos más conocidos de Miguel Ángel.

Per esser manco, alta signora, indegno
del don di vostra immensa cortesia,
prima, all'incontro a quella, usar la mia
con tutto il cor volse 'l mie basso ingegno.

Ma visto poi, c'ascendere a quel segno
propio valor non è c'apra la via,
perdon domanda la mie audacia ria,
e del fallir più saggio ognor divegno.

E veggio ben come'erra s'alcun crede
la grazia che da voi divina piove,
pareggi l'opra mia caduca e frale.

L'ingegno, l'arte, la memoria cede:
c'un don celeste non con mille pruove
pagar del suo può già chi è mortale.

Por ser menos, alta señora, e indigno
del don de vuestra inmensa cortesía,
primero, al encuentro de ella, usar quiso
la mía con todo el corazón mi bajo ingenio.
Mas visto que para a tal hito ascender
no hay valor propio que abra el camino,
perdón pide mi extraviada audacia,
y de ese fallo más sabio vuelvo.
Y veo bien que yerra si cree alguno
que la gracia, que de vos divina llueve,
sea igual a mi obra caduca y frágil.
El ingenio, el arte, la memoria ceden:
que un don celeste con mil hechos
otro no pagará siendo mortal.

Si este soneto puede relacionarse —como es muy posible— con la carta LXI
de Miguel Ángel a Vittoria Colonna (a quien sin duda va dirigido), podría fe-
charse en 1545, año en que está datada la carta. Habla también en ella Miguel
Ángel de que los dones de la gracia divina, que recibe de la marquesa de Pescara, no pueden pagarse con obras materiales, ni con ingenio siquiera.

S'alcun legato è pur dal piacer molto,
come da morte altrui tornare in vita,
qual cosa è che po' paghi tanta aita,
che renda il debitor libero e sciolto?

E se pur fusse, ne sarebbe tolto
il soprastar d'una mercé infinita
al ben servito, onde sarie 'mpedita
da l'incontro servire, a quella volto.

Dunche, per tener alta vostra grazia,
donna, sopra 'l mie stato, in me sol bramo
ingratitudin più che cortesia:

ché dove l'un dell'altro al par si sazia,
non mi sare' signor quel che tant'amo:
ché 'n parità non cape signoria.

Si alguien está atado a un placer muy alto,
como de muerte a uno volverle a vida,
¿qué cosa habrá que pague tal favor,
que el deudor vuelva libre y desenvuelto?
Y si posible fuese, no sería conveniente
restituir una merced infinita
con bien servido, pues ahí se impediría
en tal encuentro, la gracia pretendida.
Así es que, por alta tener vuestra merced,
señora, sobre mi estado, más ansío
ingratitud en mí que cortesía:
que donde una y otra por igual se sacian,
mi señor no será quien amo tanto:
que en paridad no cabe señoría.

Soneto dirigido a Vittoria Colonna. De fecha probablemente similar al anterior.

Girardi da el siguiente sentido al segundo cuarteto, un tanto oscuro: aunque fuese posible restituir un gran favor, no sería deseable, porque restituyéndolo, el beneficiado perdería la protección de esa gracia infinita.

Ben posson gli occhi mie presso e lontano
veder dov'apparisce il tuo bel volto;
ma dove loro, ai pie', donna, è ben tolto
portar le braccia e l'una e l'altra mano.

L'anima, l'intelletto intero e sano
per gli occhi ascende più libero e sciolto
a l'alta tuo beltà; ma l'ardor molto
non dà tal previlegio al corp' umano

grave e mortal, sì che mal segue poi,
senz'ali ancor, d'un'angioletta il volo,
e 'l veder sol pur se ne gloria e loda.

Deh, se tu puo' nal del ciel quanto tra noi,
fa' del mie corpo tutto un occhio solo;
né fie poi parte in me che non ti goda.

L (166)

Bien pueden mis ojos cerca o lejos
ver donde aparezca tu rostro hermoso;
mas donde él, los pies, señora, no pueden
llevar los brazos ni las manos dos.
El alma, el intelecto entero y sano
por los ojos asciende más libre y desenvuelto
a tu alta beldad; pero el mucho ardor
no da tal privilegio al cuerpo humano
grave y mortal, por lo que mal seguirá,
sin alas además, de una angélica el vuelo,
con lo que sólo verla gloria y lauda.
Ay, si en el cielo puedes cuanto entre nosotros
haz de mi cuerpo entero un ojo solo;
para que parte no haya en él sin tu solaz.

Dirigido a Vittoria Colonna. Escrito, probablemente, entre 1541 y 1545. Quizá —pues habla de una ausencia— durante una estancia de la marquesa en Viterbo.

Plotino dice *(Enn.* IV, 3, 18) que el cuerpo de los bienaventurados sería todo él *como un ojo.*

Allá arriba todo el cuerpo es puro: no hay oculto o simulado, cada uno es como un ojo, y viendo a uno se conoce su pensamiento antes de que haya hablado.

Cfr. este texto con la imagen del penúltimo endecasílabo del soneto. Una pista más del fuerte neoplatonismo miguelangelesco.

Pedro Laín Entralgo, en un artículo titulado *Miguel Ángel y el cuerpo humano,* recogido en *Teatro del mundo* (Espasa-Calpe, Madrid, 1986), dice que el escultor no usó *plásticamente esta bella metáfora plotiniana.* Sin embargo, y como vemos, poéticamente sí la empleó.

La nuova alta beltà che 'n ciel terrei
unica, non c'al mondo iniquo e fello
(suo nome dal sinistro braccio tiello
il vulgo, cieco a non adorar lei),

    per voi sol nacque; e far non la saprei
con ferri in pietra, in carte col pennello;
ma 'l vivo suo bel viso esser può quello
nel qual vostro sperar fermar dovrei.

    E se, come dal sole ogni altra stella
è vinta, vince l'intelleto nostro,
per voi non di men pregio esser dovea.

    Dunche, a quetarvi, è suo beltà novella
da Dio formata all'alto desir vostro;
e quel solo, e non io, far lo potea.

La singular y alta belleza que en el cielo por única
tendría, mejor que en el mundo inicuo y pérfido
(su nombre el vulgo lo tomó del brazo
izquierdo, al no adorarla ciego),
sólo por vos nació; y hacerla no sabría yo
con hierro en la piedra ni pincel en cartón;
pues su rostro hermoso y verdadero sería
sólo el que vuestra esperanza apagase.
Y si, como del sol cualquier otra estrella
es vencida, vence a nuestro intelecto,
a vos no habrá de ser de mérito menor.
Para aquietaros, pues, su nueva beldad
ha sido por Dios formada según vuestro deseo;
y sólo Él, y no yo, podría así hacerlo.

Escrito muy probablemente en 1543.

El rimador modenés Gandolfo Porrino envió tres sonetos a Miguel Ángel.
El primero era una alabanza del *Juicio Final,* en los otros dos, y en el último de
ellos especialmente, le pedía un retrato, en mármol o en pintura, de una dama a
la que había amado, y que acababa de morir, Fausta Mancini Attavanti, consi-
derada por algunos editores de Miguel Ángel —sin fundamento— como una
cortesana. Miguel Ángel no realizó obra alguna, pero sí un epitafio, y el presente soneto que contesta al de Porrino *per le rime,* esto es, utilizando idénticas rimas que el del peticionario. Como vemos, el soneto miguelangelesco es una ex-
cusa ante el rimador, que debía de ser amigo suyo.

Que Fausta Mancini (llamada *La Mancina,* esto es, la zurda) fuese una noble
dama romana, queda atestiguado por los poemas que notables ingenios de la
época como Annibal Caro o Francesco Maria Molza (que escribió para ella nu-
merosas obras, y que desde luego, fue su enamorado) le dedicaron.

La Mancina debió morir en 1543, ya que Molza, que escribió un soneto a su
muerte, murió el 28 de febrero de 1544.

A pena prima aperti gli vidd'io
i suo begli occhi in questa fragil vita,
che, chiusi el dì dell'ultima partita,
gli aperse in cielo a contemplare Dio.

Conosco e piango, e non fu l'error mìo,
col cor sì tardi a lor beltà gradita,
ma di morte anzi tempo, ond'e sparita
a voi non già, m'al mie 'rdente desio.

Dunche, Luigi, a far l'unica forma
di Cecchin, di ch'i' parlo, in pietra viva
etterna, or ch'è già terra qui tra noi,

se l'un nell'altro amante si transforma,
po'che sanz'essa l'arte non v'arriva,
convien che per far lui ritragga vio.

Apenas primero abiertos yo los vi
sus hermosos ojos a esta frágil vida,
que, cerrados el día de la última partida,
en el cielo se abren a contemplar a Dios.
Lo sé y lloro, y no fue error mío,
con el corazón tan tarde a su beldad agradecida,
sino del morir antes de tiempo, con lo que desapareció
no ya a vos, sino a mi ardiente deseo.
Por lo que, Luigi, para hacer la forma única
de Cecchino, de quien hablo, en piedra viva
eterna, ya que entre nosotros sólo es tierra,
si uno en otro amante se transforma,
pues sin ella el arte no me alcanza,
para hacerle a él conviene que os retrate a vos.

Escrito en 1544. El 8 de enero de ese año había muerto Francesco (Cecchino) Bracci, nieto de un gran amigo de Miguel Ángel, Luigi del Riccio.

Cecchino (al parecer muchachito notablemente hermoso, y favorito mientras vivió del escultor) murió con quince años. Luigi del Riccio pidió una tumba para su nieto, que Miguel Ángel no llegó a realizar, aunque sí un diseño. En cambio (y aunque a veces de mala gana), escribió para el adolescente muerto 48 breves epitafios, un madrigal, y el presente soneto, todos los cuales iba enviando a Luigi del Riccio a medida que los componía. El soneto, bastante irregular o ruptural en su sintaxis, es algo oscuro en el segundo cuarteto, que podría ser interpretado así: *Reconozco y lloro tardíamente con el corazón su agradecida, o agraciada, belleza (en orden a hacerle un retrato) pero el error no es mío, sino de su muerte precoz, que ha arrancado su belleza, no tanto a vos —a Luigi del Riccio—, pues siempre en el alma la tenéis presente, sino a mi ardiente deseo.*

Perché tuo gran bellezze al mondo sièno
in donna più cortese e manco dura,
prego se ne ripigli la natura
tutte quelle c'ognor ti vengon meno,

    e serbi a riformar del tuo sereno
e divin volto una gentil figura
del ciel, e sia d'amor pepetua cura
rifarme un cor di grazia e pietà pieno.

    E serbi poi i mie sospiri ancora,
e le lacrime sparte insieme accoglia
e doni a chi quella ami un'altra volta.

    Forse a pietà chi nascerà in quell'ora
la moverà co'la mie propia doglia,
né fie persa la grazia c'or m'è tolta.

LIII (230)

Por que tu gran belleza reste al mundo
en mujer más cortés y menos dura,
ruego que recoja la naturaleza
cuanto de ella vaya viniendo a menos,
y sirva para rehacer con tu sereno
y divino rostro una imagen gentil
del cielo, y tome amor cuidado perpetuo
en darle un corazón lleno de piedad y donosura.
Y sirvan además mis suspiros todos,
y mis dispersas lágrimas reunidas juntas
como don a quien ella ame de nuevo.
Quizá a quien nazca en tal hora
la piedad moverá hacia mis propias cuitas,
no perdiéndose así la gracia que ahora pierdo.

Escrito entre 1544 y 1546. Es uno de los poemas —en general, entre los menos notables de Miguel Ángel— dedicados a una enigmática mujer *bella e crudele*, de la que nada se sabe. Para muchos comentaristas (entre ellos Pierre Leyris, traductor de M. A. al francés) no pasa de ser un pretexto amoroso, similar al de la improbable *bella boloñesa* del soneto II.

Girardi sostiene que en una primera redacción este soneto iba dirigido a un hombre, pero que al pensar en imprimirlo, lo volvió en femenino.

Se da' prim'anni aperto un lento e poco
ardor distrugge in breve un verde core,
che farà, chiuso po' da l'ultim'ore,
d'un più volte arso un insaziabil foco?

Se 'l corso di più tempo dà men loco
a la vita, a la forze e al valore,
che farà a quel che per natura muore
l'incendio arroto d'amoroso gioco?

Farà quel che di me s'aspetta farsi:
cenere al vento sì pietoso e fero,
c'a' fastidiosi vermi il corpo furi.

Se, verde, in picciol foco i' piansi e arsi,
che, più secco ora in sì grande, spero
che l'alma al corpo lungo tempo duri?

Si en los primeros años un lento y breve
ardor distribuye en corto tiempo un verde corazón,
¿qué hará, cerrado en sus últimas horas,
en uno muy ardido un fuego insaciable?
Si el curso de más tiempo menos lugar da
a la vida, a las fuerzas y al valor,
¿qué hará en quien por naturaleza muere
el incendio afilado del juego amoroso?
Hará lo que conmigo espero que suceda:
cenizas al viento tan piadoso y fiero,
que a los fastidiosos gusanos hurte el cuerpo.
Si, verde, en pequeño fuego ardí y lloré,
qué espero, seco ahora en otro más grande,
¿que mucho dure el alma con el cuerpo?

Escrito entre 1544 y 1545. Se le supone —sin total fundamento— entre los
dirigidos a la mujer *bella e crudele*.

En el manuscrito, tras el soneto, aparece la siguiente anotación del autor:
Para una de las butagras.

Buctagre o *bottagre* vale en italiano por huevas de atún o mújol.

Se ben concetto ha la divina parte
il volto e gli atti d'alcun, po' di quello
doppio valor con breve e vil modello
dà vita a' sassi, e non è forza d'arte.

Né altrimenti in più rustiche carte,
anz'una pronta man prenda 'l pennello,
fra' dotti ingegni il più accorto e bello
pruova e rivede, e suo storie comparte.

Simil di me model di poca istima
mie parto fu, per cosa alta e prefetta
da voi rinascer po', donna alta e degna.

Se 'l poco accresce, e 'l mie superchio lima
vostra mercé, qual penitenzia aspetta
mie fiero ardor, se me gastiga e 'nsegna?

Si la parte divina ha concebido bien
el rostro y los actos de alguno, después con ese
valor doble y un breve y vil esbozo
da a las piedras vida, y no es fuerza de arte.
No de otro modo en más rústicos cartones,
antes que presta mano el pincel tome,
entre doctos ingenios el más hermoso y diestro
ordena y reelabora, y comparte la historia.
Así yo nacido modelo de poca estima,
cual cosa alta y perfecto renacer podría
de vos después, alta señora y digna.
Si lo poco acrece y mis excesos lima
vuestra merced, ¿qué penitencia aguarda
mi fiero ardor, pues me enseña y castiga?

Escrito hacia 1545 y reelaborado entre 1546 y 1550. Dirigido a Vittoria Colonna. Según Michelangelo il Giovane, acompañando a un autorretrato que el
artista regaló a la marquesa.

Los primeros cuartetos desarrollan —en escultura y pintura— una teoría
neoplatonizante de la realización de la obra de arte. La *parte divina* del primer
verso ha de entenderse la parte divina del artista.

Com'esser, donna, può quel c'alcun vede
per lunga sperïenza, che più dura
l'immagin viva in pietra alpestra e dura
che 'l suo fattor, che gil anni in cener riede?

La causa a l'effetto inclina e cede,
onde dall'arte è vinta la natura.
I' 'l so, che 'l pruovo in la bella scultura,
c'all' opra il tempo e morte non tien fede.

Dunche, posso ambo noi dar lunga vita
in qual sie modo, o di colore o sasso,
di noi sembrando l'uno e l'altro volto;

sì che mill'anni dopo la partita,
quante voi bella fusti e quant'io lasso
si veggia, e com'amarvi i' non fu' stolto.

¿Cómo puede ser, señora, lo que por larga
experiencia vemos, que dura más
la imagen viva en piedra alpestre y dura
que su autor, a quien los años devuelven al polvo?
La causa al efecto cede y se inclina,
por lo que el arte vence a la natura.
Bien lo sé, en hermosa escultura compruebo
que muerte y tiempo no dan fe en la obra.
Así es que a ambos puedo dar larga vida
en cualquier modo, en color o en piedra,
de uno y otro reproduciendo el rostro;
tal que mil años después de la partida,
cuán bella fuisteis vos y que mísero yo
se vea, mas que en amaros no fui tonto.

Escrito hacia 1545. Para Vittoria Colonna.

Ognor che l'idol mio si rappresenta
agli occhi del mie cor debile e forte,
fra l'uno e l'altro obbietto entra la morte,
e più 'l discaccia, se più mi spaventa.

L'alma di tale oltraggio esser contenta
più spera che gioir d'ogni altra sorte;
l'invitto Amor, con suo più chiare scorte,
a suo difesa s'arma e s'argomenta:

Morir, dice, si può sol una volta,
né più si nasce; e chi col mie 'mor muore,
che fie po', s'anzi morte in quel soggiorna?

L'acceso amor, donde vien l'alma sciolta,
s'è calamita al suo simile ardore,
com'or purgata in foco, a Dio si torna.

LVII (243)

Cada vez que mi ídolo se aparece
a los ojos de mi corazón constante y débil,
entre uno y otro ser entra la muerte,
y más le aleja cuanto más me espanta.
El alma de tal ultraje espera estar
contenta más que en gozar de otro destino;
pero el invicto Amor, con su preclara escolta,
en su defensa se arma y argumenta:
Morir —dice— sólo una vez se puede,
ni más se nace; mas quien con amor muere,
¿qué le aguarda, si muerte en él habita?
El encendido amor, que desenlaza el alma,
calamita le es a un similar ardor,
y como en oro purgada en fuego, retorna a Dios.

Escrito alrededor de 1545. Advierte Girardi que en uno de los autógrafos del
soneto hay esbozos a pluma de una ventana y una fachada de la Biblioteca Lau-
renziana, fechables en 1545.

Los tercetos son algo oscuros. La idea es: Quién muere amando ¿qué de raro
tendrá que amando hayan transcurrido sus últimos años de vida? El amor, tan
ardiente, que puede separar alma y cuerpo, es como una calamita, como un
imán, que atrae al alma hacia aquel ardor (Dios) que tanto semeja al amor. Y el
alma, purgada como en oro de ese fuego, retorna a Dios.

Dal ciel discese, e col mortal suo, poi
che visto ebbe l'inferno giusto e 'l pio,
ritornò vivo a contemplare Dio,
per dar di tutto il vero lume a noi.

Lucente stella, che co' raggi suoi
fe' chiaro a torto el nido ove nacqu'io,
né sare' 'l premio tutto 'l mondo rio;
tu sol, che la creasti, esser quel puoi.

Di Dante dico, che mal conosciute
fue l'opre suo da quel popolo ingrato
che solo a' iusti manca di salute.

Fuss'io pur lui! c'a tal fortuna nato,
per l'aspro esilio suo, co' la virtute,
dare' del mondo il più felice stato.

Descendió del cielo, y ya en mortal, tras
que hubo visto el justo infierno y el piadoso,
vivo retornó a contemplar a Dios,
para darnos de todo la verdadera luz.
Luciente estrella, que con sus rayos
hizo claro, sin razón, el nido en que yo nací,
no le sería premio todo el malvado mundo;
sólo tú, que la creaste, tal lo podrías ser.
De Dante hablo, que mal conocidas sus
obras fueron por ese pueblo ingrato
que sólo a los justos desprovee del bien.
¡Más ojalá hubiese sido él! Por tal fortuna,
con su áspero exilio y también su virtud,
daría yo del mundo el puesto más feliz.

Escrito entre finales de 1545 y comienzos de 1546. Reelaborado varias veces.

Soneto en honor de Dante, que, como sabemos, fue el poeta favorito de Miguel Ángel, al punto que se tenía al escultor por un experto en materia dantística.

Quante dirne si de' non si può dire,
ché troppo agli orbi il suo splendor s'accese;
biasmar si può più 'l popol che l'offese,
c'al suo men pregio ogni maggior salire.

Questo discese a' merti del fallire
per l'util nostro, e poi a Dio ascese;
e le porte, che 'l ciel non gli contese,
la patria chiuse al suo giusto desire.

Ingrata, dico, e della suo fortuna
a suo danno nutrice; ond'è ben segno
c'a' più perfetti abonda di più guai.

Fra mille altre ragion sol ha quest'una:
se par non ebbe il suo exilio indegno,
simil uom né maggior non nacque mai.

LIX (250)

Cuanto de él debiéramos decir no se puede,
que excesivo esplendor refulge a nuestros ojos;
mejor es reprender al pueblo que le ofendió,
que el mayor de nosotros tocar su ínfimo mérito.
Él descendió donde las merecidas culpas
por bien nuestro, y luego ascendió a Dios,
y las puertas que el cielo franqueara,
las cerró la patria a su justo deseo.
Ingrata, digo, que con su fortuna
alimenta su daño; de lo que es señal
que a los más perfectos dé más desventuras.
Entre mil razones sea ésta bastante:
si igual no tuvo su exilio tan indigno,
hombre igual ni mayor nunca ha nacido.

Escrito a finales de 1545 o comienzos de 1546.

Nuevo soneto sobre Dante. Sobre el manuscrito se lee: *Señor Donnato* (a Gio-
natti), *me pedís lo que no tengo.*

Probablemente habla de la inspiración. Dante era el símbolo y la guía de los
florentinos exiliados en Roma, con los que siempre simpatizó y estuvo Miguel
Ángel.

El primer terceto debe entenderse: *La patria es pródiga en desventuras con sus me-
jores hombres.*

Nel dolce d'una inmensa cortesia,
dell'onor, della vita alcuna offesa
s'asconde e cela spesso, e tanto pesa
che fa men cara la salute mia.

Chi gli omer' altru' 'mpenna e po' tra via
a lungo andar la rete occulta ha tesa,
l'ardente carità d'amore accesa
là più l'ammorza ov'arder più desia.

Però, Luigi mio, tenete chiara
la prima grazia, ond'io la vita porto,
che non si turbi per tempesta o vento.

L'isdegno ogni mercé vincere impara,
e s'i' son ben del vero amico accorto,
mill piacer non vaglion un tormento.

LX (251)

En lo dulce de una inmensa cortesía,
al honor, a la vida alguna ofensa
se esconde a menudo y cela, y tanto pesa
que me hace mi salud menos querida.
Quien en el hombre amigo pone alas y luego
en el camino dispone la oculta red tejida,
la ardiente caridad que amor enciende
anula más cuando más arder debía.
Por eso, Luigi mío, mantened clara
la gracia primera, que me dio la vida,
y que no la turbe tempestad ni viento.
A vencer enseña el desdén toda merced,
y aunque yo al buen amigo siempre atienda,
mil placeres no valen un tormento.

Escrito a finales de 1545 o comienzos de 1546.

El soneto está dirigido a Luigi del Riccio, florentino, y uno de los grandes amigos de Miguel Ángel en Roma.

Es un correctivo, una queja al amigo, cuyo fundamento no está claro. Del Riccio estaba empeñado —con el consentimiento del escultor— en editar una antología de su labor poética, que al fin no llegó a hacerse. Según algunos, el poema aludiría a una edición de los versos, realizada por Riccio sin el consentimiento de Miguel Ángel. Pero no hay pruebas.

Luigi del Riccio había atendido personalmente al escultor en dos de sus enfermedades, a comienzos de 1544 y de 1546. A ello puede aludir la *inmensa cortesía* del primer verso.

Según Clements, los *mil placeres* del último endecasílabo aludirían a la relación de Miguel Ángel con Cecchino Bracci, y el *tormento*, a su fatigosa labor en los epitafios del muchachito.

Ben può talor col mie 'rdente desio
salir la speme e non esser fallace,
ché s'ogni nostro affetto al ciel dispiace,
a che fin fatto arebbe il mondo Iddio?

Qual più giusta cagion dell'amart'io
è, che dar gloria a quella eterna pace
onde pende il divin che di te piace,
e c'ogni cor gentil fa casto e pio?

Fallace speme ha sol l'amor che muore
con la beltà, c'ogni momento scema,
ond'è suggetta al variar d'un bel viso.

Dolce è ben quella in un pudico core,
che per cangiar di scorza o d'ora strema
non manca, e qui caparra il paradiso.

Bien puede a veces mi casto y buen deseo
con la esperanza andar sin resultar diverso;
pues si todo en nuestro amor desplace al cielo
¿con qué fin habría hecho Dios el mundo?
Si te amo y reverencio, oh señor mío,
si ardo incluso, es por la paz divina
que en tus hermosos ojos se alberga y vive,
esquiva y enemiga de extraviado pensar.
No es amor el que aquí nace y muere
con la belleza que en todo instante merma,
o sujeto al mudar de rostro amable:
Es verdadero amor, el que en puro corazón
no desfallece por cambio de corteza
u hora extrema, y del paraíso aquí, deja señal.

El hecho de que en un manuscrito de este soneto, en lugar de *s'i't'amo e reve-risco, o signor mío*, del inicio del segundo cuarteto, diga *Qual più giusta cagion dell'a-mart'io*, hizo pensar que estaba destinado a Vittoria Colonna. Es más probable, sin embargo, que sea para Cavalieri, incluso por el contenido neoplatónico del conjunto. En uno de los autógrafos hay un ligero esbozo a lápiz de una planta de la fachada de San Pedro, que Miguel Ángel comenzó a proyectar en 1546.

Non è sempre di colpa aspra e mortale
d'una inmensa belleza un fero ardore,
se poi sì lascia liquefatto il core,
che 'n breve il penetri un divino strale.

Amore isveglia e desta e'mpenna l'ale,
né l'alto vol preschive al van furore;
qual primo grado c'al suo creatore,
di quel non sazia, l'alma ascende e sale.

L'amor di quel ch'i' parlo in alto aspira;
donna è dissimil troppo; e mal conviensi
arder di quella al cor saggio e verile.

L'un tira al cielo, e l'altro in terra tira;
nell'alma l'un, l'altr'abita ne' sensi,
e l'arco tira a cose basse e vile.

No es siempre culpa áspera y mortal
por una inmensa belleza el fiero ardor,
si tras sí deja enternecido al corazón,
y en breve un dardo divino lo atraviesa.
Amor desvela y presta plumas a las alas,
y manda volar alto al furor vano;
como primer peldaño que hacia su creador,
aún no saciada, el alma asciende presta.
El amor de que hablo a lo alto aspira;
la mujer le es demasiado ajena; y mal conviene
en ella arder ánimo viril y sabio.
Uno cielo y el otro busca tierra;
en el alma uno, el otro habita los sentidos,
y el arco apunta cosas viles y plebeyas.

Escrito hacia 1546. Los primeros editores lo pensaban dirigido a Vittoria Colonna. Girardi —con la evidencia del primer terceto— lo supone para Cavalieri.

Se 'l troppo indugio ha più grazia e ventura
che per tempo al desir pietà non suole,
la mie, negli anni assai, m'afflige e duole,
ché 'l gioir vecchio picciol tempo dura.

Contrario ha 'l ciel, se di no' sente o cura,
arder nel tempo che chiacciar si vuole,
com'io per donna; onde mie triste e sole
lacrime peso con l'età matura.

Ma forse, ancor c'al fin del giorno sia,
col sol già quasi oltr'a l'occaso spento,
fra le tenebre folte e 'l freddo rezzo,

s'amor c'infiamma solo a mezza via,
né altrimenti è, s'io vecchio ardo drento,
donna è che del mie fin farà 'l mie mezzo.

Si la mucha demora halla más gracia y ventura
de la que en tiempo al deseo piedad otorga,
la mía, en tantos años, me aflige y duele,
pues el gozar del viejo muy poco dura.
Contrario es el cielo, si nos mira o cura,
al arder en tiempo en que helar se debe,
cual yo por una mujer; de donde mis lágrimas
solas y tristes pesan más con la edad madura.
Mas aunque al fin de la jornada esté,
con el sol ya casi en su ocaso apagado,
entre espesas tinieblas y con ombroso frío
si amor que sólo al iniciar camino inflama,
y no de otro modo es, en un viejo arde tanto,
es porque ella del fin me hace principio.

Escrito hacia 1546. Probablemente para Vittoria Colonna.

Qual meraviglia è, se prossim'al foco
mi strussi e arsi, se or ch'egli è spento
di fuor, m'affligge e mi consuma drento,
e 'n cener mi riduce a poco a poco?

Vedea ardendo sì lucente il loco
onde pendea il mio greve tormento,
che sol la vista mi facea contento,
e morte e strazi m'eran festa e gioco.

Ma po' che del gran foco lo splendore
che m'ardeva e nutriva, il ciel m'invola,
un carbon resto acceso e ricoperto.

E s'altre legne non mi porge amore
che lievin fiamma, una favilla sola
non fie di me, sì 'n cener mi converto.

¿No es maravilla si próximo al fuego
ardo y me consumo, ahora que está apagado
por fuera, y me aflige y quema dentro,
y a ceniza poco a poco me reduce?
Veía ardiendo tan luciente el lugar
del que pendía mi grave tormento,
que sólo verlo me daba contento,
y desgarro y muerte me eran fiesta y juego.
Mas ya que del gran fuego el esplendor
que me ardía y nutría, roba el cielo,
carbón quedo en brasa y recubierto.
Y si más leña no me trae amor
que prenda llama, ni una sola pavesa
quedará de mí, todo en cenizas vuelto.

Soneto a la muerte de Vittoria Colonna. La marquesa murió el 25 de febrero de 1547.

Tornami al tempo, allor che lenta e sciolta
al cieco ardor m'era la briglia e 'l freno;
rendimi il volto angelico e sereno
onde fu seco ogni virtù sepolta,

e' passi spessi e con fatica molta,
che non sì lenti a chi è d'anni pieno;
tornami l'acqua e 'l foco in mezzo 'l seno,
se vuo' di me saziarti un'altra volta.

E s'egli è pur, Amor, che tu sol viva
de' dolci amari pianti de' mortali,
d'un vecchio stanco oma' puo' goder poco;

ché l'alma, quasi giunta a l'altra riva,
fa scudo a' tuo di più pietosi strali:
e d'un legn'arso fa vil pruova il foco.

Vuélveme al tiempo, en que floja y suelta
al ciego ardor me estaba brida y freno;
tráeme el rostro angélico y sereno
que toda virtud consigo ha sepultado,
los continuos pasos y la fatiga mucha,
tan lentos a quien de años está lleno;
devuélveme fuego y agua dentro el seno,
si de mí una vez más saciarte buscas.
Y si es verdad, Amor, que sólo vives
de los agridulces llantos de mortales,
de un viejo cansado gozarás muy poco;
que el alma, casi ya en la otra ribera,
te hace escudo con más piadosos dardos:
y en leño ardido el fuego poco prueba.

Escrito en 1547. Habla al Amor, a causa de la muerte de Vittoria Colonna.
El penúltimo endecasílabo debe entenderse: Los dardos del amor divino sir-
ven de escudo a los dardos del Amor profano.

Deh fammiti vedere in ogni loco!
Se da mortal bellezza arder mi sento,
appresso al tuo mi sarà foco ispento,
e io nel tuo sarò, com'ero, in foco.

Signor mie caro, i'te sol chiamo e 'nvoco
contr'a l'inutil mie cieco tormento:
tu sol puo' rinnovarmi fuora e drento
le voglie e 'l senno e 'l valor lento e poco.

Tu desti al tempo, Amor, quest'alma diva
e 'n questa spoglia ancor fragil e stanca
l'incarcerasti, e con fiero destino.

Che poss'io altro che così non viva?
Ogni ben senza te, Signor, mi manca;
il cangiar sorte è sol poter divino.

LXVI (274)

¡Haz que te vea, ay, en todo lugar!
Si por mortal belleza arder me siento,
junto al tuyo mi fuego se apagará,
y en el tuyo seré, cual fui, de fuego.
Caro Señor mío, sólo a ti invoco y llamo
contra mi inútil y ciego tormento:
solo tú puedes renovarme afuera y dentro
los deseos, la cordura y el escaso valor.
Al tiempo diste, Amor, mi alma divina
y en este despojo frágil y cansado
aún la encarcelaste, con tan duro destino.
¿Qué puedo hacer sino vivir cual vivo?
Sin ti, Señor, todo bien me falta;
cambiar mi suerte sólo es poder divino.

Escrito en el verano de 1547.
Se inicia, con éste, la serie de los sonetos religiosos, o espiritualistas del último Miguel Ángel.

Passa per gli occhi al core in un momento
qualunque obbietto di beltà lor sia,
e per sì larga e sì capace via
c'a mille non si chiude, non c'a cento,

d'ogni età, d'ogni sesso; ond'io pavento,
carco d'affanni, e più di gelosia;
né fra sì vari volti so qual sia
c'anzi morte mi die 'ntero contento.

S'un ardente desir mortal bellezza
ferma del tutto, non discese insieme
dal ciel con l'alma; è dunche umana voglia.

Ma se pass'oltre, Amor, tuo nome sprezza,
c'altro die cerca; e di quel più non teme
c'a lato vien contr'a sì bassa spoglia.

Pasa por los ojos al corazón en un momento
cualquier objeto que posea hermosura,
y es tan ancho el camino y tan capaz
que ni con mil se colma, ni con ciento,
de toda edad y sexo; por lo que temo,
cargado de afanes y más aún de celos;
entre tan varios rostros no saber cuál
antes de morir me llenará el contento.
Si un ardiente deseo en la mortal belleza
del todo se detiene, no descendió del
cielo con el alma; y es humano anhelo.
Pero si más allá va, Amor, desprecia tu nombre
y busca otro dios; y de aquél ya no teme
que al flanco está nuestro despojo hiriendo.

Escrito entre 1547 y 1550.

Nuevamente soneto amoroso-reflexivo (muy patente de las inquietudes de Miguel Ángel) y de contenido neoplatónico.

Se con lo stile o coi colori avete
alla natura pareggiato l'arte,
anzi a quella scemato il pregio in parte.
che 'l bel di lei più bello a noi rendete,

  poi che con dotta man posto vi sete
a più degno lavoro, a vergar carte,
quel che vi manca, a lei di pregio in parte,
nal dar vita ad altrui, tutta togliete.

  Che se secolo alcuno omai contese
in far bell'opre, almen cedale, poi
che convien c'al prescritto fine arrive.

  Or le memorie altrui, già spente, accese
tornando, fate or che fien quelle e voi,
malgrado d'esse, etternalmente vive.

LXVIII (277)

Si con el estilo y los colores habéis
a la natura emparejado el arte,
y su prez menguado con ello en parte,
pues lo hermoso en ella devolvéis más bello,
tras que con docta mano puesto os habéis
a más digna labor, a redactar en folios,
lo que os faltaba, de aquella prez en parte,
al dar vida a otros, tomáis entero.
Que jamás siglo alguno con ella contendió
en bellas obras, que al fin cedían,
pues llegan todas al prescrito término.
Mas las ajenas memorias, apagadas, volviendo
a encender, lográis que vos y ellas,
a pesar de aquélla, eternamente vivan.

Escrito entre abril y mayo de 1550. Es un soneto dedicado al pintor y escritor Giorgio Vasari (1511-1574), agradeciéndole su *Vita di Michelangiolo,* único personaje vivo dentro de la primera edición de sus *Vite,* aparecida en marzo de 1550. El propio Vasari incluiría el soneto entre las *addenda* a la segunda edición —muerto ya el artista— con las siguientes palabras previas:

> Había Vasari aquel año terminado de imprimir la obra de las vidas de pintores, escultores y arquitectos en Florencia, y de ningún vivo hizo la vida, aunque fuese viejo, sino de Miguel Ángel; así es que le presentó la obra, y la recibió con mucha alegría, pues muchos recuerdos de cosas los había tenido de su voz Vasari como de artista más viejo y de juicio; y no pasó mucho sin que habiéndola leído le mandase Miguel Ángel el presente soneto por él hecho, el cual me place en memoria de sus amabilidades poner en este sitio.

Giunto è già 'l corso della vita mia,
con tempestoso mar, per fragil barca,
al comun porto, ov'a render si varca
conto e ragion d'ogni opra trista e pia.

Onde l'affettüosa fantasia
che l'arte mi fece idol e monarca
conosco or ben com'era d'error carca
e quel c'a mal suo grado ogn'uom desia.

Gli amorosi pensier, già vani e lieti,
che fien or, s'a duo morte m'avvicino?
D'una so 'l certo, e l'altra mi minaccia.

Né pinger né scolpir fie più che quieti
l'anima, volta a quell'amor divino
c'aperse, a prender noi, 'n croce le braccia.

Llegado ha el curso de la vida mía,
con tempestuoso mar, en frágil barca,
al común puerto, donde se va a rendir
cuenta y razón de obras tristes o piadosas.
Así la apasionada fantasía
que del arte hizo mi ídolo y monarca
conozco ahora estar de error cargada
y lo que, mal su grado, busca el hombre.
Los amorosos pensamientos, alegres y vanos,
¿qué harán si a dos muertes me aproximo?
De una estoy cierto, la otra me amenaza.
Ni pintar ni esculpir me dan sosiego
al alma, vuelta a aquel amor divino
que en la cruz a todos nos abraza.

Escrito entre 1552 y 1554. Reflejo, ya absoluto, de las obsesiones espiritualistas del último Miguel Ángel, que le hacían casi abjurar del valor del arte.

El soneto le fue enviado a Vasari, que respondió con otro de iguales rimas, y
una carta —perdida— en la que le animaba a volver a Florencia en nombre del
duque Cosme.

Las *dos muertes* (duo morte) son, naturalmente, la del alma y la del cuerpo.

Le favole del mondo m'hanno tolto
il tempo dato a contemplare Iddio,
né sol le grazie suo poste in oblio,
ma con lor, più che senza, a peccar volto.

Quel c'altri saggio, me fa cieco e stolto
e tardi a riconoscer l'error mio;
manca la speme, e pur cresce il desio
che da te sia dal propio amor disciolto.

Ammezzami la strada c'al ciel sale,
Signor mie caro, e a quel mezzo solo
salir m'è di bisogno la tuo 'ita.

Mettimi in odio quante 'l mondo vale
e quante suo bellezze onoro e colo,
c'anzi morte caparri eterna vita.

LXX (288)

Las fábulas del mundo me han robado
el tiempo en que debía contemplar a Dios,
y no sólo he dejado su gracia en el olvido,
sino que con ella, incluso, me he dado a pecar.
Lo que a otros sabio, me hace ciego y tonto
y tardo en conocer mi error;
la esperanza falta, mas crece el deseo
por que me liberes de mi propio amor.
Parte en dos el camino que al cielo lleva,
mi Señor querido, y dame en esta mitad
para ascender tu necesaria ayuda.
Hazme odiar cuanto al mundo place
y sus bellezas que honro y cultivo,
para que antes de morir posea eterna vida.

Escrito en 1555. Soneto enviado a monseñor Ludovico Beccadelli, nuncio apostólico en Viena, que, nombrado arzobispo de Ragusa, se disponía a trasladarse a esa ciudad. Beccadelli contestó a Miguel Ángel con un soneto —marzo de 1555— en iguales rimas, según era costumbre.
En uno de los manuscritos de este soneto, hay una breve carta de Miguel Ángel a Vasari:

    Señor Giorgio: os envío dos sonetos; aunque son cosa sin importancia, lo hago para que veáis donde están mis pensamientos; cuando tengáis ochenta y un años, como yo tengo, me creeréis. Os ruego se los deis al señor Giovan Francesco Fattucci, que me los ha pedido. Vuestro Miguel Ángel Buonarroti en Roma.

Non è più bassa o vil cosa terrena
che quel che, senza te, mi sento e sono,
onde a l'alto desir chiede perdono
la debile mie propia e stanca lena.

Deh, porgi, Signor mio, quella catena
che seco annoda ogni celeste dono:
la fede, dico a che mi stringo e sprono;
né, mie colpa, n'ho grazia intiera e piena.

Tanto mi fie maggior, quante più raro
il don de' doni, e maggior fia se, senza,
pace e contento il mondo in sé non have.

Po' che non fusti del tuo sangue avaro,
che sarà di tal don la tuo clemenza,
se 'l ciel non s'apre a noi con altra chiave?

LXXI (289)

No hay más baja o vil cosa terrena
que lo que yo sin ti soy o me siento,
por lo que al alto deseo pide perdón
mi propio débil y cansado anhelo.
Ay, tiéndeme, Señor mío, esa cadena
que anuda en sí todo celeste don:
de la fe hablo, a la que corro y me adhiero;
aunque, por mi mal, no tengo su gracia entera.
Tanto me será mayor, cuanto más raro
este don de dones, y más grande en sí
pues sin él paz no existe ni contento.
Ya que no fuiste avaro de tu sangre,
¿cómo será con tal don tu clemencia,
si el cielo otra llave no nos abre?

Escrito en 1555. Es el otro soneto citado en la anterior carta a Vasari para Fattucci.

Soneto religioso, en el que se hacen visibles las teorías valdesianas de la *justificación por la fe*.

Scarco d'un'importuna e greve salma,
Signor mie caro, e dal mondo disciolto,
qual fragil legno a te stanco rivolto
da l'orribil procella in dolce calma.

Le spine e' chiodi e l'una e l'altra palma
col tuo benigno umil pietoso volto
prometton grazia di pentirsi molto,
e speme di salute a la trist'alma.

Non mirin co'iustizia i tuo sant'occhi
il mie passato, e 'l gastigato orecchio;
non tenda a quello il tuo braccio severo.

Tuo sangue sol mie colpe lavi e tocchi,
e più abondi, quant'i' son più vecchio,
di pronta aita e di perdono intero.

LXXII (290)

Cargado de importuno y grave fardo,
Señor mío querido, desligado del mundo,
cual frágil leño cansado vuelto a ti
de la procela horrible en calma dulce.
Las espinas y clavos de tus palmas
y tu benigno, humilde y piadoso rostro
prometen la gracia del arrepentimiento,
y esperanza de salvación al alma triste.
No miren con justicia tus santos ojos
mi pasado, ni tus oídos castos;
ni obre como tal tu brazo severo.
Sólo tu sangre lave y toque mis culpas,
y más abunde, puesto que soy más viejo,
en pronta ayuda y en perdón completo.

Escrito en 1555. Aunque los manuscritos llevan, uno, un esbozo a lápiz de *Cristo en el huerto* (de hacia 1545) y, el otro, los trazos de un candelabro para la tumba de Julio II (de hacia 1543), por la grafía tardía y el tono espiritual del soneto, Girardi propone la fecha del inicio. No es raro, además, que Miguel Ángel escribiese sus poemas en folios ya utilizados anteriormente.

En el primer cuarteto se omite un verbo: *Soy* o *estoy*.

Carico d'anni e di peccati pieno
e col trist'uso radicato e forte,
vicin mi veggio a l'una e l'altra morte,
e parte 'l cor nutrisco di veleno.

Né propie forze ho, c'al bisogno sièno
per cangiar vita, amor, costume o sorte,
senza le tuo divine e chiare scorte,
d'ogni fallace corso guida e freno.

Signor mie car, non basta che m'invogli
c'aspiri al ciel sol perché l'alma sia,
non come prima, di nulla, creata.

Ani che del mortal la privi e spogli,
prego m'ammezzi l'alta e erta via,
e fie più chiara e certa la tornata.

LXXII (293)

Cargado de años y de pecados lleno
y con tan triste uso enraizado y fuerte,
cerca me veo de una y otra muerte,
y aún nutro el corazón de ese veneno.
Fuerzas me faltan en este cieno
para cambiar de vida, amor, hábito o suerte,
sin tu divina y luminosa escolta,
de todo falaz camino guía y freno.
Caro Señor mío, no basta que anhele
el cielo para que resulte el alma,
como al principio, de la nada hecha.
Antes que del cuerpo la arranques y despojes,
acórtame tan alta y yerta vía,
y mi vuelta será más clara y cierta.

Escrito en 1555.

Mentre m'attrista e duol, parte m'è caro
ciascum pensier c'a memoria mi riede
il tempo andato, e che ragion mi chiede
de' giorni persi, onde non è riparo.

Caro m'è sol, perc'anzi morte imparo
quant'ogni uman diletto ha corta fede;
tristo m'è, c'a trovar grazi'e mercede
negli ultim'anni a molte colpe è raro.

Ché ben c'alle promesse tua s'attenda,
sperar forse, Signore, è troppo ardire
c'ogni superchio indugio amor perdoni.

Ma pur par nel tuo sangue si comprenda,
se per noi par non ebbe il tuo martire,
senza misura sien tuo cari doni.

Me entristece y duele, pero también me gusta
todo pensamiento que vuelve a la memoria
el tiempo ido, y que razón me pide
de los días perdidos, por los que no hay reparo.
Me gusta sólo, porque antes de morir aprendo
que cuanto el hombre ama es de fe breve;
y me entristezco, porque hallar gracia y merced
a muchas culpas, al final, es raro.
Pues aunque se aguarden tus promesas.
esperar es quizá, Señor, muy atrevido
que tan soberbia demora amor perdone.
Aunque tal vez en tu sangre se comprenda
que si par nunca tuvo tu martirio,
sin mesura serán igual tus dones.

Escrito en 1555 o algo después. El manuscrito es de grafía temblorosa, y hay en él un leve esbozo a lápiz.

Di morte certo, ma non già dell'ora,
la vita è breve e poco me n'avanza;
diletta al senso, é non però la stanza;
a l'alma, che mi prega pur ch'i' mora.

il mondo è cieco e 'l tristo esempro ancora
vince e sommerge ogni prefetta usanza;
spent'è la luce e seco ogni baldanza,
trionfa il falso e 'l ver non surge fora.

Den, quando fie, Signor, quel che s'aspetta
per chi ti crede? c'ogni troppo indugio
tronca la speme e l'alma fa mortale.

Che val che tanto lume altrui prometta,
s'anzi vien morte, e senza alcun refugio
ferma per sempre in che stato altri assale?

Cierto de la muerte, no aún de la hora,
la vida es breve y poco ya me resta;
grata a los sentidos, pero no morada
del alma, que me ruega muera.
Es ciego el mundo y aún el triste ejemplo
vence y sumerge toda costumbre buena;
se apagó la luz y en ella la confianza,
triunfa lo falso y la verdad no brota.
Ay ¿cuándo vendrá, Señor, lo que aguarda
quien en ti cree? pues la mucha tardanza
la fe corta y hace el alma mortal.
¿Qué vale que nos prometas tanta luz,
si antes llega la muerte, y sin refugio
para siempre nos deja donde nos alcanza?

Escrito en 1555 o después. Grafía temblorosa en el manuscrito.

S'avvien che spesso il gran desir prometta
a' mie tant'anni di molt' anni ancora,
non fa che morte non s'appressi ognora,
o là dove men duol manco s'affretta.

A che più vita per gioir s'aspetta,
se sol nella miseria Iddio s'adora?
Lieta fortuna, e con lunga dimora,
tanto più nuoce quante più diletta.

E se talor, tuo grazia, il cor m'assale,
Signor mie caro, quell'ardente zelo
che l'anima conforta e rassicura,

da che 'l propio valor nulla mi vale,
subito allor sarie da girne al cielo:
ché con più tempo il buon voler men dura.

LXXVI (296)

Si a menudo ocurre que el gran deseo promete
a mis tantos años más años todavía,
no hace que la muerte no se apresure siempre,
o que donde duela menos, más se acelere.
¿A qué más vida para gozar se espera,
si sólo en la miseria a Dios se adora?
Feliz fortuna, y con larga demora,
tanto más daña cuanto más deleita.
Mas si acaso gracia mi corazón alcanza,
Señor mío querido, aquel ardiente celo
que al alma reconforta y asegura,
pues que el propio valor nada me vale,
rápido entonces llévame ya al cielo:
que con mucho tiempo, el bien querer es menos.

Escrito en 1555. Soneto varias veces reelaborado. En el manuscrito hay un dibujo de columnas para la entrada a la Biblioteca de San Lorenzo.

Non fur men lieti che turbati e tristi
che tu patissi, e non già lor, la morte,
gli spirti eletti, onde le chiuse porte
del ciel, di terra a l'uom col sangue apristi.

Lieti, poiché, creato, il redemisti
dal primo error di suo misera sorte;
tristi, a sentir c'a la pena aspra e forte,
servo de' servi in croce divenisti.

Onde e chi fusti, il ciel ne diè tal segno
che scurò gli occhi suoi, la terra aperse,
tremorno i monti e torbide fur l'acque.

tolse i gran Padri al tenebroso regno,
gli angeli brutti in più doglia sommerse;
godé sol l'uom, c'al battesmo rinacque.

LXXVII (298)

No fueron menos ledos que tristes y turbados
porque padecieras tú, y no ellos, la muerte,
los espíritus electos, cuando las cerradas puertas
del cielo, con tu sangre en tierra abriste al hombre.
Alegres, porque, creado, lo redimiste
del primer error de su mísera suerte;
tristes, al sentir que en la pena áspera y fuerte,
siervo de siervos en la cruz te hiciste.
Por ser quien eras, hizo tal signo el cielo
que oscureció sus ojos, abrió la tierra,
temblaron montes y las aguas se hicieron turbias.
Sacaste a los grandes Padres del reino tenebroso,
y a los ángeles malditos sumergiste en más dolor;
sólo gozó el hombre, renacido en bautismo.

De difícil datación. Por el tono espiritualista y las imágenes, Girardi lo sitúa
entre la última producción miguelangelesca.
El sujeto de la primera oración es los *espíritus electos,* en el tercer verso.

Al zucchero, a la mula, a le candele,
aggiuntovi un fiascon di malvagia,
resta sì vinta ogni fortuna mia,
ch'i' rendo le bilance a san Michele.

Troppa bonaccia sgonfia sì le vele,
che senza vento in mar perde la via
la debile mie barca, e par che sia
una festuca in mar rozz'e crudele.

A rispetto a la grazia e al gran dono,
al cib', al poto e l'andar sovente
c'a ogni mi' bisogno è caro e buono,

Signor mie car, ben vi sare' nïente
per merto a darvi tutto quel ch'i' sono:
ché 'l debito pagar non è presente.

LXXVIII (299)

Por el azúcar, la mula y las candelas,
y aún más por la frasca de malvasía,
queda tan vencida la fortuna mía,
que devuelvo la balanza a San Miguel.
Mucha bonanza tanto desinfla las velas,
que sin viento en el mar pierde su vía
mi débil barca, y parece ser
una astilla en la mar ruda y cruel.
Pues respecto a la gracia y gran presente,
comida, bebida y frecuente viaje
que para mi necesidad tan bien me viene,
querido señor mío, nada os sería
aunque daros pudiera cuanto soy:
no regala quien paga lo que debe.

Escrito en la última época de los sonetos. El escultor agradece a alguien
—quizá Vasari— que le ha enviado unos regalos. Detrás del manuscrito hay un
esbozo de carta a Ammannati y un pergeño de la escalera de la Librería de San
Lorenzo, con dos fechas: 1 de enero de 1554 y 26 de diciembre de 1555.
    Entre los atributos de San Miguèl, además de la espada, está la balanza para
pesar las almas de los muertos.

Per croce e grazia e per diverse pene
son certo, monsignor, trovarci in cielo;
ma prima c'a l'estremo ultimo anelo,
goderci in terra mi parria pur bene.

Se l'aspra via coi monti e co 'l mar tiene
l'un da l'altro lontan, lo spirto e 'l zelo
non cura intoppi o di neve o di gelo,
né l'alia del pensier lacci o catene.

Ond'io con esso son sempre con voi,
e piango e parlo del mio morto Urbino,
che vivo or forse saria costà meco,

com'ebbi già in pensier. Sua morte poi
m'affretta e tira per altro cammino,
dove m'aspetta ad albergar con seco.

LXXIX (300)

Por gracia y cruz y por penas diversas,
seguro, monseñor, que en el cielo estaremos;
mas antes del extremo y último aliento,
gozar nuestra amistad me gustaría bien.
Si un áspero camino con montes y con mar
lejos el uno al otro nos tiene, el espíritu y la gana
obstáculos no curan de hielo o nieve,
ni el ala del pensamiento de lazos o cadenas.
Por lo que con él siempre estoy con vos,
y lloro y hablo de mi muerto Urbino,
que quizá de vivir allí estaría conmigo,
tal como se pensó. Su muerte pues
me lleva y apresura por otro camino,
donde me está esperando para morar con él.

Escrito a finales de 1556 o 1557. Es respuesta a otro soneto que le enviara
su amigo el arzobispo de Ragusa, Ludovico Beccadelli en febrero de 1556. En
él el prelado lamentaba el mucho tiempo que no se veían, tras haber partido él,
antes de Ragusa, a Viena. Pero —dice— tal vez el sacrificio de nuestra separa-
ción nos valga el cielo.
Urbino es el nombre de un criado de Miguel Ángel, a quien éste quiso singu-
larmente. Le sirvió durante veintiséis años. Y había muerto el 3 de diciembre
de 1555.

ÍNDICE

Colección Letras Universales

Títulos publicados

DE PRÓXIMA APARICIÓN